博瑞森图书
BRACE

企业阅读 本土实践

韩锋 翁长华 著

定制家居
黄金十年

家具·建材·家装
融合之道

HOME
DECORATION

中国青年出版社

图书在版编目（CIP）数据

定制家居黄金十年：家具·建材·家装融合之道/韩锋，翁长华著.—北京：中国青年出版社，2019.5

ISBN 978 –7 –5153 –5541 –2

Ⅰ.①定… 　Ⅱ.①韩… ②翁… 　Ⅲ.①住宅—室内装修—建筑业—研究—中国 　Ⅳ.①F426.9

中国版本图书馆 CIP 数据核字（2019）第 052131 号

定制家居黄金十年：家具·建材·家装融合之道

韩　锋　翁长华 / 著

出版发行：中国青年出版社

地　　址：北京市东四十二条 21 号

邮政编码：100708

责任编辑：刘稚清

封面制作：谢定莹

印　　刷：河北宝昌佳彩印刷有限公司

开　　本：710 × 1000　1/16

印　　张：18

版　　次：2019 年 7 月北京第 1 版

印　　次：2019 年 7 月第 1 次印刷

书　　号：ISBN 978 –7 –5153 –5541 –2

定　　价：299. 00 元

定制家具行业已经发展20年了，从一个成品家具看不上的边缘产品逐步发展成为家具行业的引领者。但目前还没有一本教科书对中国定制行业进行全面、系统、专业的解读。2018年三粒米教育应市场需求策划本书，围绕资本、跨界、入口、人才、价格战、新零售等12个关键词，从上篇"模式与趋势"、下篇"经营与运作"两大方面，对中国定制行业未来发展趋势的深度、系统、前瞻的分析，对定制上半场的客观总结与定制下半场的深度研判。该书适合厂家老板、职业经理人、门店经销商、店长等行业人士阅读。

上篇 趋势与模式

第一章，主要介绍了定制行业覆式创新逆市崛起，房地产与装修公司进场搅局，3股力量围绕"入口"兴风作浪，最后谁主沉浮？

第二章，行业上半场结束，格局已定、胜负未分，从5个竞争维度和10个破局思考把脉行业趋势里的危与机，从而重新界定企业核心竞争力，抓住几条关键主线。

第三章，前事不忘成品家具今日之困，后事之师定制家具明日之机，而成品与定制未来共赢，就必须践行成品定制化、定制成品化，这是适应市场环境变化、匹配客户需求的秘诀，从而使企业与经销商占领战略高地。

第四章，当下中国房地产变革，定制产业链正被重构，3 种趋势对应定制企业与经销商 3 条出路。期间，行业发展与资本共舞，透过家电企业并购研讨，归纳总结出定制行业并购的 3 项战略、3 个类型、4 大整合，既有价值观的层面，又有方法论的层面。

第五章，2018 年伊始，定制行业打起"套餐式"价格战，通过家电行业的价格战来研预，未来行业爆发深度价格战的可能性不大，而"套餐式"定制能够解决 2 大消费痛点，是因地制宜、简单有效的营销新方向，可供各类定制企业及经销商借鉴。

第六章，主要介绍了定制行业智能化 4 类参与角色，定制工厂打通前后端 2 种实施思路，为定制企业下一步"智造、智链、智控"发展指明了方向。

第七章，流量入口之争正倒逼商业模式创新与重构，本章以 11 家企业案例分析，从产品模式、盈利模式、销售模式、运营模式 4 个核心维度深度研讨定制家居的商业逻辑，教你跳出原赛道，做弯道超车的顶层设计。

第八章，以商业案例的方式，重点介绍在新零售时代如何重构定制行业，揭秘衣柜龙头企业索菲亚 4 个新零售价值，启发企业与经销商，搞懂家居新零售。

第九章，解剖欧派家居 2017 年北京市场销售破 12 亿元，重点阐述新环境下 3 种大市场格局、5 项终端门店革命，以及大市场运营的 2 个新零售思维、8 个新零售模型，为定制企业与经销商介绍大市场破局成功的多种有效方法。

下篇 经营与运作

第十章至第十一章，重点介绍了定制行业如何做好品牌，在不同发展阶段如何抢占品牌认知，这是企业未来至关重要的护城河。在新媒体时代，教会你营造超级 IP 的"秘诀"，既有"术"的层面，更有"道"的层面。

第十二章，中国的市场难用"一招鲜吃遍天下"，不同的市场类型有不同的市场策略，本章教会你抓住各级市场运营核心，轻松实现市场份额倍增。

第十三章，主要介绍老资格的二三线品牌下半场的 6 项核心工作：战略恒定，产品精进，团队打造，渠道升级，品牌再造，全面、立体地重塑定制企业与经销商的核心竞争力。

第十四章，定制行业的渠道变革实质是：利益关联产业用入口优势进行的产业延伸，引发资源争夺与利益的重新分配。重点介绍房地产、装饰企业、家居卖场 3 种渠道的变革动作，启示未来 3 种渠道的变革方向，为渠道创新铺设前进的道路。

第十五章，主要介绍了跨界定制必须要跨过的 8 道坎，从战略决策、商业模式等顶层设计，到销售渠道、职业团队等底层战术，扫除跨界品牌不成功的障碍，系统性跨越从 0 到 1。

第十六章，重点介绍了定制行业要避免的 10 大经营死穴，给所有"当局者迷"的企业与经销商一个警醒和提示，望读者们能在实际经营管理中少走弯路、少犯错误。

第十七章，围绕培训这条主线，介绍了定制行业如何做厂家老板、职业经理人、经销商 3 种角色的职业化教育，可以说是"三粒米"教育自身职业化教育的实战"心经"。

本书总结了"三粒米"教育多年辅导的众多企业商业案例精华，讲述定制行业的"前世今生"，旨在帮助读者全面、立体地了解行业发展脉络与基本规律，并掌握定制企业与经销商核心竞争力的方法论。书中的部分观点、方法与所处的行业环境、发展阶段有关，不足之处请大家给予指正。

上篇
趋势与模式

第一章　定制行业为何逆市崛起

近几年来，宏观经济迈入新常态，GDP 增速放缓，市场疲软，尤其是受房地产调控政策影响的家居行业更为严重。竞争加剧导致整个家居行业"不促不销"，整体利润严重下滑。最近几年，无论是上游的家居厂商还是下游的家居经销商，日子都不好过，关店潮、关厂潮持续不断。然而，不同于家居建材行业其他品类的举步维艰，定制行业最近几年一直在上演逆势突围，凭借惊人的崛起速度成为最受业界瞩目的"大黑马"。2017 年，更是以 6 家定制企业相继主板上市，让整个家居行业大跌眼镜。2018 年，上市后的欧派第一年业绩快报破 113 亿元。一股定制旋风劲吹神州大地，定制行业从边缘到黑马、从黑马到中坚力量，扛鼎中国家居未来发展！

一、定制：一场颠覆式创新的最佳实践

虽然定制行业今天风光无限，但时间拉回到 20 年前，定制行业是从一个不被重视的边缘小市场发端的。

1994 年，伴随着欧派橱柜的成立，整个行业开始发轫，并逐渐发展壮大。2003 年，索菲亚成立，定制衣柜首度走进公众视

野。在最初的 10 余年间，定制行业的表现一直相对沉静，处于边缘市场。2007 – 2008 年，索菲亚的销量才开始破亿。直到 2011年，索菲亚的上市和首届衣柜展的诞生，才使得定制行业赢得了社会各界的广泛关注。

广东定制协会秘书长曾勇介绍说，2010 – 2011 年，整个定制行业步入了发展快车道。短短七八年时间内，定制行业已经孕育出了八家上市公司，而且不断有定制品牌步入排队上市和准备上市的行列。从营业收入规模来看，欧派已经在 2017 年过百亿元，全屋定制"四大天王"——欧派、索菲亚、尚品宅配与好莱客，已经步入"十亿俱乐部"，其他定制小伙伴们紧随其后，年销售额 2 亿 ~10 亿元的企业大概有二三十家，新的定制品牌如雨后春笋般涌现出来。

在《乔布斯传》里唯一被提过两次的书，也是乔布斯非常推崇的，就是《创新者的窘境》。这本书特别提到了颠覆性创新，也叫破坏性创新。破坏性技术之所以有破坏性，是因为其初期虽然只能应用于远离主流市场的小型市场，但它日后会进入主流市场，而且其性能足以与主流市场的成熟产品一决高下。

破坏性创新有两大特征：

第一，降低原有的性能指标；进入一个新的性能改善曲线。

第二，通常会更方便、更简单、更便宜。

破坏性创新不是与原有竞争对手在重要的产品性能上进行竞争，因此原来的竞争对手什么地方强，我弱一点没有关系。不过，我进入了一个新的性能改善曲线，而这个新的性能改善曲线往往更便宜、更方便、更简单。

世界上最有名的破坏性创新案例就是苹果手机把当年如日中天的诺基亚掀翻下马。2007 年 iPhone 刚出来的时候，诺基亚 CEO 说："iPhone 不过是个玩具。"诺基亚实验室的报告称，在 10 米处摔下，苹果必摔碎。

对应破坏性创新的理论，苹果没有跟诺基亚比抗摔性能、通话质量，在这些指标保证基本使用情况下，苹果进入了一个新的性能改善曲线，就是把手机当成一台有通话功能的娱乐设备，不断地通过"软（App Store）硬兼施"提升娱乐性能，让手机变成一个更方便、更简单、更好玩的"人体器官"。而诺基亚却是把手机定位成一个有娱乐功能的通信设备，结果自掘坟墓。

你以为自己的对手是友商，其实你真正的对手是这个时代！

我们看下破坏性创新的四个象限图，如图 1-1 所示。

	主流市场	新兴市场
成熟产品 成熟技术	Q1 大公司的领地	Q2
新产品 新技术	Q3	Q4 小公司的福地

图 1-1　破坏性创新象限图

苹果原来开始在 Q4 象限，诺基亚在 Q1 象限，但边缘最终成为主流，最终把大公司掀翻在地。

破坏性创新理论同样适用于解释定制行业的崛起。20年前，定制行业在 Q4 象限，市场规模小、风险大、流程长、赚钱辛苦，是不被大企业重视的边缘市场，一群民营企业老板以此为创业起点。而当时的成品家具企业处在 Q1 象限，市场规模大、利润高、流程短、赚钱容易，工厂一生产出来产品就被经销商的货车排队拉走。这些成品家具根本看不上定制这个领域，给定制行业拱手让出了十年发展黄金期。从 2000 年到 2010 年，是定制行业大发展的黄金十年，定制行业在"小公司的福地"里蛰伏了十年，也发展了十年。

著名的美国《连线》杂志主编凯文·凯利，人称"KK"，在中国非常有名，是硅谷的先锋人物，也是互联网哲学家，他写过著名的《失控》，风靡中国。他说："颠覆性的竞争来源于边缘，而非中心。"边缘市场不是一个很好的市场，市场小、不可靠、风险高，所以没有人去竞争。一些初创的公司因为钱少，只能去边缘市场，不能进入中心市场。但这些边缘势力会越来越大，最终颠覆整个行业！

KK 还经常举帆船的例子。当第一台蒸汽轮船出来的时候，大家都会嘲笑这个蒸汽轮船很可笑、很滑稽、没有效率。它们经常出故障，成本很高。大家把它当成玩具。它的确是玩具，**但它做了一件帆船永远做不到的事情，就是能往上游走**。后来，蒸汽轮船把帆船淘汰了。

定制行业发展初期就是一艘能往上游走的"蒸汽船"！

定制天生就具有互联网的基因，就有以客户需求为导向的

C2B 按需定制的先进性。定制在基本保证了成品家具的美观、耐用性能指标下，进入了一个新的完全不同的性能改善曲线。

这个性能改善曲线，就是对空间收纳功能的改善曲线。这从定制行业的品类命名的变迁就可见一斑。2000 年左右，定制行业刚发端的时候，定制行业叫壁柜，就是做靠墙、入墙的，用定制壁柜做成品家具做不了的放置犄角旮旯地方的家具方案。这是定制行业首先切入的边缘市场。2008 年左右，定制行业就演变成了"衣柜""整体衣柜"品类，全国卖场里边也有了定制衣柜的专区。定制行业从边缘市场的壁柜，切入了消费者的卧室空间。2014 年左右，定制行业又演化成"全屋定制"品类，切入了消费者的所有家居空间，从门厅柜、鞋柜、餐边柜到电视柜、书柜、衣柜等入墙、靠墙的柜子，都可以做了。在全屋定制时代，定制家居不仅能解决空间收纳功能的问题，在美观上也已经不输于成品家具了。

定制家居首先解决了消费者空间收纳的问题。

随着房价节节攀升，再加上一线城市纷纷出台限购政策，刚需一族购买的房产主要是小户型，业主希望尽可能地将空间利用起来，因此对家具的空间布局、功能提出了更高的要求。通过个性化的设计方案，定制家居不仅可以最大限度地利用每一寸家居空间，还可以照顾到个体的身高、体重和生活习惯。与此同时，定制产品通过不断丰富完善和细化功能设计，借助各式各样的隔断和配件让家居收纳变得更加简单。

定制家居解决了消费者空间美观的问题。

传统的成品家居，在卖场的样板间很好看，但是摆在家里效果如何却难以预料，而整体定制家居却能让家具在选材、装饰等方面同家装整体风格协调统一。随着 80 后、90 后成为家居的购买主力军，个性化消费时代来临，消费者希望家能在风格上尽可能地展现自我，一模一样的标准化成品家私已经难以满足消费者的个性化需求。相比之下，个性化的整体定制家居空间则可以满足。借助互联网技术和数字技术，通过上门测量便可结合消费者的户型图给出相应的效果图，直到消费者挑选出自己满意的设计方案。

在生产与供应链端，定制行业的优越性也越来越凸显。

借助互联网技术，定制企业成功地将前端销售和后端制造打通，并通过柔性化生产线，解决了个性化定制与规模化生产的矛盾。借助柔性化的生产线，定制企业实现了产品生产的部件化，即将订单分拆成一个个零部件，不仅提高了板材的利用率，还提高了加工效率，降低了生产成本，大大地降低了定制的消费门槛。

如果说柔性化生产线解决了需求和生产问题，那么定制行业以销定产 C2B 模式下的零库存，解决的则是家具规模化生产中的流通问题。

由于定制行业全部是以销定产，所以采购的量完全根据订单量计算，点对点送货。当天下单，第二天下午原材料就送到，几乎不会产生库存。由于采用了 3D 虚拟设计、装配技术，因此在定制企业的加工车间和仓库看不到任何成品或者半成品家具，生产出来的产品直接以板材形式打包，几乎不过夜就通过第三方物流运往全国各地。

零库存的优势，使得定制企业不仅没有传统家具制造企业的仓储压力，还通过对接收订单、采购、设计、生产加工到物流配送整个流程的整合，其资金周转率可以比传统成品家具厂商高出数倍。

基于以上定制行业满足顾客需求、解决客户痛点、模式的先进性，让其从边缘市场走向了主流市场，从不被人知的舞台角落走到了聚光灯下的舞台中央，成为中国家居未来发展的中坚力量，这就是一个脱胎于中国市场的活生生的颠覆性创新的最佳实践案例。

二、48个00后定制家居品牌

2018年新年伊始，"我的18岁"的照片就开始刷屏。这是个什么梗？因为到2018年，00后已经18岁成年了。再过5年，他们就会走向工作岗位。

定制行业是个年轻的行业，也是一个00后较多的行业。随着2017年6家定制企业主板上市，定制成为风口，行业开启快速成长模式。市场规模也站在2500亿元的门槛上，而且市场还在膨胀，但是瓜分市场的主要是48家定制家居企业，如表1-1所示。

表1-1　48家国内定制品牌部分名录

企业名称	成立时间	创始人/董事长	总部
索菲亚	2003	江淦钧	广州
好莱客	2002	沈汉标	广州
欧派家居	1994	姚良松	广州
尚品宅配	2004	李连柱	广州
志邦股份	1998	孙志勇	合肥
金牌橱柜	1999	温建怀	厦门
我乐家居	2006	缪妍缇	南京
顶固集创	2002	林新达	中山
皮阿诺	2002	马礼斌	中山
客来福	2005	尹其宏	佛山
百得胜	2001	刘树雄	广州
史丹利	2004	宗贵升	深圳
诗尼曼	2003	辛福民	广州
联邦高登	2004	杜泽华	佛山
科凡	2006	林涛	佛山
卡诺亚	2001	程国标	广州
玛格	2004	唐斌	重庆
劳卡	1999	吴建荣	广州
韩丽	2007	胡文权	佛山
大信	1999	庞学元	郑州
顾家家居	1982	顾江生	杭州
皇朝定制	2011	谢锦鹏	广州
伊仕利	2001	郑景新	广州
冠特	2003	王军太	深圳
箭牌衣柜	1994	谢岳荣	佛山

企业名称	成立时间	创始人/董事长	总部
德维尔	2005	殷卫洪	广州
艾依格	2010	曾惠尧	广州
合生雅居	2006	龙红	广州
适而居	2002	王勇炜	广州
美尼美	2012	黎伟权	广州
科洛迪	1999	胡伟	厦门
伊凡	1996	李志德	温州

通过汇总定制家居企业的成立时间，笔者发现，其中35家企业属于00后，12家企业成立于20世纪90年代，1家80后企业。也就是说，定制家居企业普遍处于年轻状态，成立时间都在十几年，享受了中国房地产黄金十年发展的红利，以及互联网黄金发展十年的红利。00后企业老板大都是70后，正好是人生最黄金的年龄，事业心强、精力充足、扩张野心十足，这将确保定制行业再高速发展十年。

从48家企业总部分布来看，30家企业来自广东地区，占比达到62.5%，"前三甲"皆是粤军。在可预期的十年内，还将是粤军独领风骚，珠三角领航全国市场。

三、行业寡头与垄断逐渐形成

定制家居在过去几年呈现快速发展的态势，但就行业空间来看，定制家居的渗透率还处于一个较低的水平。定制家居占我国整体家具市场份额的 20%～30%，参照国外 60% 以上的渗透率，说明我国定制家居行业还有非常大的提升空间。

从国外经验来看，龙头家居企业往往具有很强的马太效应，其市场份额会不断提高。在美国市场中，市场份额前六位的家居厂商合计占据 15% 的市场，日本和韩国分别是 20% 和 30%，而目前中国前六大厂商的市占率仅 5%。从国际家居巨头韩国汉森和瑞典宜家的发展路线来看，随着多元化和精细化路线的不断推进，第一梯队的厂商更有机会拿下更大的市场份额。目前第一梯队的成员包括索菲亚、好莱客、尚品宅配和欧派家居，它们的年营业收入在 10 亿元以上。

四大因素正在促进定制家居龙头企业市场份额的扩大，寡头与垄断趋势初步显现。

第一，大型全国性连锁家居卖场的集中度提升会向龙头定制企业进行渠道资源倾斜。2018 年，红星·美凯龙 A 股上市，成为 H＋A 股第一家居零售股，强大的资本优势让红星·美凯龙扩张的速度进一步加快。截至 2017 年 6 月 30 日，红星·美凯龙在国内 28 个省份 150 个城市经营了 214 个商场，总经营面积约为 1330 万平方米，未来还会布局 1000 家店。2017 年，居然之家实体店销售额达 608 亿元，新开店 63 家，累计总开店 223 家。2018 年，居然之家将争取开店 100 家以上，实体销售额超 750 亿元。红星·美凯龙、居然之家、金盛集团、月星集团及武汉欧亚达是国内前五大连锁家具零售商，其累计销售规模及占连锁类市场的比例逐步提升。截至 2016 年，前五大零售商销售额为 1705 亿元，其占连锁家居装饰及家具厂商总市场份额，较 2014 年的 24.8%，提升至 28.53%，行业集中度逐步提升。全国连锁卖场的市场集中度提升有助于定制行业集中度的提升。龙头卖场的开业也将为龙头定制家居企业及其经销商提供更优质的门店位置，降低新店址的筛选难度。跟随全国性卖场的渠道扩张，龙头品牌可以实现终端门店的全国布局。

第二，房地产龙头企业集中度提升，精装占比不断提升，精装修促进龙头优质品牌发展。在房地产行业整体增速放缓的背景下，地产龙头业绩还在保持快速增长。截至 2017 年年末，碧桂园、万科、恒大全年销售规模突破 5000 亿元，保利、融创两家已突破 3000 亿元。在龙头房地产企业销售规模逐步提升的过程中，各梯队的进入门槛也随之增加，强者恒强的趋势愈发明显。龙头地产企业精装房渗透率不断提升，一二线城市的精装修占比相对较高，正在逐步向三四线城市延伸。房地产精装修对供应商的标准也正在发生变化：在初级阶段，精装修的材料供应选择更多看重"价廉"，做精装修的目的是为了方便购房者使用，使房子更好卖；现在龙头地产商的选择标准正在变成"质优"，精装修的配置要与房子的定位相匹配，知名的家居建材品牌成为房地产销售的重要宣传点。精装修档次的提升为龙头品牌企业提供了更好的机遇和更多的市场空间。

第三，家装、整装崛起，中小渠道商助力家具品牌集中。家装、整装规模企业不断增加，中小渠道商助力家具行业向龙头品牌集中。一方面，在行业景气度有所下行的情况下，近几年家装行业正在不断洗牌整合，上万家收入体量在 5000 万元至 5 亿元（对应的年客户数 250～2500 个）的家装、整装公司，需要通过与优质家具品牌合作招徕客户。另一方面，随着自然客流的增长放缓，它们也是家具企业的重要客流补充，家装渠道的盈利状况弱于传统零售渠道但获客成本较低，家装整装企业等中小 B 渠道的发展将有助于家具行业向龙头品牌集中。

第四，资本加持下的龙头企业优势富集效应。2017 年 6 家定制企业上市后，资本加持下的龙头定制企业在信息化、产能、渠道布局、终端渗透、品牌广告、人才争夺上都有了充足的弹药。

以欧派为例，上市不到一年，欧派家居市值持续高涨，更是一度突破 600 亿元大关，到 2020 年有望破千亿市值。这在中国家居建材行业上市企业中独领风骚、一骑绝尘。欧派家居"三马一车"战略，围绕大家居、信息化、欧铂丽和终端经销商四个核心，实施全面战略布局。欧派"大家居"构建以"定制柜类＋成品家具＋木门＋护墙板＋门窗＋软装＋电器"的定制生态闭环，经过 2 年多的市场检验，已经呈现出强劲的新商业模式发展潜力。欧派、欧铂丽双品牌布局双剑合璧，全面覆盖中高端人群和年轻群体，欧铂丽已经成为未来推动欧派集团高速发展的第二引擎。欧派家居重金投入信息化建设，以 Oracle 为数据基础平台，实现产品生产、销售连接无缝实时电子化，使产业链完全衔接。在 O2O＋C2B 等的电商营销新模式、软件设计体系、管理体系等三方面构筑起的定制化信息系统，助力欧派的转型升级。欧派家居全新的信息化云端技术，是国内家居行业最先进的信息化系统，将一键打通客户端、生产制造端和供应链端，构建信息化大数据生态链，全面提升欧派竞争力和客户服务满意度。欧派就像航母，虽然开始起动较难、较慢，但启动后动力强劲，续航能力超强，将与竞争对手的差距越来越大。

四、从卖柜子到卖空间

如果说定制行业以前卖的是柜子，现在卖的是什么？未来会卖什么？

学过营销的人一般都知道一句营销名言：消费者要的不是钻头，而是墙上的洞！

进入 2017 年，定制行业三甲不约而同地指向了一个核心关键词。这个核心关键词是什么？

欧派在 2017 年旗帜鲜明地打出来基于其大家居战略的"七大品类八大空间"的消费者需求解决方案。七大品类包括橱柜、厨电、衣柜、木门、卫浴、家具、壁纸，八大空间包括厨房、客厅、餐厅、主卧、次卧、入户、阳台、主卫。全屋风格一体化设计，空间、色彩、工艺、搭配、风格色调性统一规划，全屋一站式购齐。

索菲亚在 2017 年揭开了全新品牌升级运动，把从 2013 年开始启用的广告语"定制家，索菲亚"更改成了"懂空间，会生活"。回望索菲亚最早的广告语"定制衣柜就是索菲亚"，到"定制家，索菲亚"，再到现在的"懂空间，会生活"，每一个品牌主张都基于对消费者需求的深刻洞察，引领消费者的需求变革。"懂空间，会生活"是指索菲亚将空间规划的智慧和巧思融入产品设计，为消费者提供专业化、个性化的空间定制方案，从而满足人们对高品质生活的追求，提升居家生活的幸福感。

2017 年年底，尚品宅配也扔出了一个"深水炸弹"，那就是整装云。从软件起家的尚品宅配比全屋定制同行率先迈出了一步，正式切入整装市场。但它不是在全国开装修公司，而是向全国的装修公司输出"全屋定制整装"的全新商业模式——HOMK-OO 整装云，这个由尚品宅配旗下新居网运营的平台，要赋能整装解决方案，让天下没有难做的整装。从用户层面来看，随着消费升级，对于装修，人们不再满足于单一的服务和标准化的产品，而是希望装修公司能够提供设计、选材、配送、施工等一站式的整装服务。从装修公司层面来看，行业的实际情况是，绝大多数的装修公司并没有一套行之有效的管理系统，也没有完善的供应链体系，在转型整装时困难重重：硬装软装一体化设计难，多工地管控难，供应链整合、管理难，定制家居解决难。满足用户需要装修公司升级，而装修公司转型更需要一个平台服务商，为其提供高效的管理系统和强大的供应链支撑。HOMKOO 整装云从研究用户和装修公司需求出发，真正地解决了用户和装修公司的痛点。

这三家定制行业风向标式的企业，共同指向了一个关键词——"空间"，所以不夸张地说，2017 年应该叫定制行业的

"空间元年"。空间元年是消费者生活方式 4.0 版本；是定制 + 成品融合的新生活方式；是美观 + 功能的新生活方式；是由原来的产品搭配方案向空间生活美学方案的转型；是产品功能性需求向品质生活美学、品质生活方式解决方案的转型。空间元年对定制行业有划时代的意义，是定制行业走向成熟的一个重要分水岭。

广东定制协会秘书长曾勇把 2016 年定义为"定制元年"，2017 年定义为"定制融年"，即跨界融合、资源融合、品类融合、区域融合四大融合。2017 年，6 家定制企业相继上市，整个定制家居行业高歌猛进，行业一片大好。2018 年年初，曾勇又提出了"定制实年"，给"高烧"的行业降降温：把品牌做"坚实"，把终端做"诚实"，把渠道做"丰实"，把生产做"夯实"，把企业做"扎实"。

五、地产、装修、定制三浪叠加

随着 80 后、90 后成为家居的主力消费人群，消费者对个性化空间解决方案的需求与日俱增，消费者对省心、省力、省钱、省时的一站式家居解决方案越来越青睐有加。

由于家居消费趋势的变化，原来井水不犯河水的三个行业——房地产公司、装修公司、全屋定制公司之间泾渭分明的界限变得越来越模糊了。

过去家居 4 万亿市场细分成 30 个子行业，但是今天，这个市场剧变成了 3 个万亿级的超级矩阵。我们看到了以互联网家装为入口的成品整装市场，万亿级的市场份额；看到了以定制家居为入口，带动了卧室、餐厅、书房的全屋家居的万亿级市场；看到了以房产公司精装房为入口，带动了拎包入住整个产业的变革发展。我们看到了整个行业发生了巨大的变化。

家居行业的流量入口有三级。首先是上游的房地产公司，其次是装修公司，最后是全屋定制企业。房地产公司作为上游，是所有流量的源头，装修公司和全屋定制企业依托深度设计服务，为客户提供专业服务，也成为两个最重要的流量入口。

流量的一级入口，上游房企向产业链下端延伸，如万科、恒大、碧桂园都有涉足家具乃至家装业务，将房子与家具捆绑销售。先满足自己房地产的配套，然后再供给其他地产公司，最后也渗透到零售渠道。

流量的二级入口，装修公司一是受到互联网家装企业的冲击；二是已经感觉到了消费者消费趋势的变化，开始向全屋整装公司转型。全屋整装是整体家装之后一种全新的装修模式，开创了泛家装服务新内涵。其整合了装修材料、基础施工、软装配饰设计安装、定制家居设计安装，以及入住前开荒保洁等入住必备服务项目，用户仅需购置家电和生活用品即可实现入住，可以说是真正意义上的整装。

流量的三级入口，就是现在蓬勃发展、方兴未艾的全屋定制企业。全屋定制企业近几年以欧派、索菲亚为首，产品品类也在不断横向扩张，从衣柜延伸到橱柜、木门、门窗、床垫、家具、窗帘、灯饰等新的品类，形成欧派所称的大家居方向和百得胜所称的小家居方向。

目前，房地产公司、全屋整装公司、全屋定制公司构成了应对消费升级、满足消费者需求的最大的三股浪潮。三浪叠加，三浪并发，正裹挟着消费者的选择与行业的未来走势。到底哪股浪潮势力能最后胜出呢？

房地产公司销售额龙头企业动辄上千亿，貌似很强大，但对大部分房企来讲，产业链下端的定制板块、装修板块还是它们的副业。

装修公司的底层商业逻辑是有问题的，其一直靠低价引流、增项挣钱。家装行业存在装修不透明、客户不信任、结果不满意、标准不完善、公司不诚信的问题。近几年互联网家装企业的崛起，打掉了传统装修公司的部分信息不对称，但装修公司的信用不对称还继续存在，消费者的"装修恐惧症"依然没有彻底解决。博洛尼蔡明对家装模式的弊端做过深刻反思。蔡明说："当时，我们把家装直营作为战略重点，把直营家装分公司作为主打方向，最后发现这个方向是错的。这是内部博弈型的商业模式，完全靠人。"而且，传统家装都采取"低开高走"模式。"先把价给你报低，来了之后，就开始增项。这是家装的黑洞。"由于信息不对称、信用不对称，传统家装顾客满意度非常低。这些因素决定了家装公司做到二三十亿元也就"顶头了"。

而全屋定制企业是实体实业，天生具有互联网基因。互联网赋能空间解决方案又经过残酷市场的生存考验，是真正的野战军。目前，全屋定制受到资本的青睐、消费者的喜爱，随着互联网信息化技术的不断深化应用，是触达消费者端成本最低、路径最短、效率最高的商业模式，是目前中国居住空间的最优解决方案。

百得胜执行总裁张健认为，定制家居在品牌推广、营销推广，以及产品的生产、设计、制造、服务全系统都拥有强硬实力。他认为，未来大家居行业会诞生千亿级销售额的品牌或者企业。"此外，达到这个目标的主入口、形成大家居千亿级企业的主入口一定是定制行业。"

第二章　上市潮后，定制行业现有格局

一、上市潮后，定制家居行业的10点思考

在这里，笔者把 2015 年之前称为定制行业的上半场，2017 年之后称为定制行业的下半场。显然，定制行业的上半场已经成定局，下半场才刚开始。对此，我们有如下 10 点思考：

（1）一线品牌都在"玩高雅"，二线品牌在"秀肌肉"，其他品牌在"自娱自乐"；品牌形象、企业实力、产品功底、运作模式，我们到底可以玩什么？

（2）全屋定制、大家居、整装等概念的提出，意味着定制行业的客户入口之争已经开始：房产商利用自己的客户池优势想自己控制家居市场的入口；大卖场利用自己的终端影响力优势想自己控制家居市场的入口；家装公司利用自己把握客户的优势想控制家居市场的入口。因此，产品商原有的零售入口将会面临着巨大的挑战。地产商、家装公司、家居卖场、产品生产商，在未来的入口争夺战中，谁会成为主导者？

（3）全屋定制与大家居会不会成为一个伪命题？如果成立，那么它们的核心是什么？

（4）做单品类的品牌，比如专做橱柜的、专做衣柜的，他们

的明天会怎么样？

（5）到目前为止，还没有看到跨界过来的企业有真正做得很成功的，最核心的原因是什么？跨界跨了这么多年，被行业稀里糊涂地教训了这么多年，现在终于明白了一个道理：自己买设备、自己建团队、自己还不太用心，好像搞不出名堂了；现在有了一个看似有希望的突破口——并购与收购。

（6）有些跨界品牌根本不愁招商，但就是没有一个市场能做起来；有些区域品牌在当地就是很厉害，可是招商总也走不出去，病根到底在哪里？

（7）大品牌的本质是通过它的价格策略、产品线策略在加码对中低客户（非纯低端）的占领，那么问题来了，小品牌们怎么办？

（8）传统渠道的优势资源基本都被一线品牌垄断了。接下来几年，不同品牌将要在不同市场进行不同程度的摊牌，那么小品牌与一线品牌的决战应该放在哪里？在不占渠道优势的情况下怎么摊牌？

（9）欧派、索菲亚、尚品等领域或品类的领先位置，在本行业内基本没谁有能力挑战，但是真正的高手还没发话，要颠覆它的人不是要做橱柜、衣柜、木门等产品，他们在统筹地盘与空间，要么替代，要么变成一起玩的行业大玩家。

（10）小品牌不是没有出路，取决于你够不够狠、够不够快、资源够不够聚焦。只要去做，有两种结果：一是你在细分领域与细分市场站稳脚跟；二是你死得很有尊严，你还是一条好汉！

二、定制行业上半场：格局已定，胜负未分

定制家居走了一条默默无闻但并不曲折的发展之路！

1994 年，定制行业起源橱柜，欧派开创先河；

2003 年，索菲亚定制衣柜首进公众视野，KD、诗尼曼等全国和地方品牌涉足移门及衣柜；

2004 年，维意、联邦、劳卡、诺维家、好莱客、尚品宅配和玛格等多个主流品牌强势加入；

2005 年，行业出现两极分化，柜体派和移门派；

2006 年，品牌扩张发展，产品体系及管理逐渐完善，行业竞争越来越激烈，品牌意识开始形成；

2009 年，广州建博会首次将定制衣柜作为主流品类，标志被泛建材行业所认同；

2010 年，主流品牌将板材环保由 E1 级推向 E0 级；

2011 年，广州定制家居展第一届开幕；索菲亚衣柜上市，欧派跨界衣柜；

2013 年，广东衣柜行业协会成立；

2014 年，索菲亚衣柜在天猫双十一当天交易额达到 1.8 亿元，开启了品牌的电商之路；

2016 年，广东省定制家居协会成立；炙手可热的定制家居升格为定制家居，迎来"定制家居元年"；

2017 年，定制家居行业区域融合、品类融合和资本融合三大

迹象愈发明显，广东省定制家居协会把 2017 年定义为"定制融年"；

2018 年，广东省定制家居协会把 2018 年定义为"定制实年"。

当前，定制家居行业格局可以用 3 个词来概括：产业初定、品牌崭露、渠道占位。

产业初定：是指定制家居行业第一轮的产业基地布局基本完成，以目前的一线品牌为核心风向标。

品牌崭露：行业的几大巨头品牌已经开始从行业品牌认知阶段向消费者品牌认知发力，在越来越多的市场中，品牌认知的排位赛已经开始。

渠道占位：定制行业各厂家开店布局从战术行业上升到战略行为，有实力的厂家开始从原来的找客户再开店的被动式开店扩张，演变为针对核心渠道资源进行掠夺式抢先占位。

1. 定制家居上半场品牌格局已经形成

如图 2 - 1 所示，定制家居行业"大"格局还在酝酿之中。其

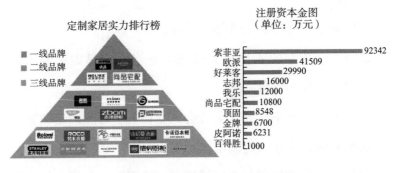

图 2 - 1　定制家居实力排行榜

中"四小龙"——欧派、索菲亚、好莱客与尚品宅配已然在行业内站稳脚步，并占据较大的市场份额，而二三线定制家居企业纷纷涌现。整个定制行业，5年以后，全国可容纳10个大品牌，而紧跟其后的还有数十个企业。

2. 定制家居上半场的产业基地格局已经形成

如图2-2所示，在上半场的定制行业内，五大生产基地已经形成相对稳定的产业生态圈：

图 2-2　定制家居的产业基地格局

- 珠三角（广州、深圳、东莞、中山、佛山、顺德为中心）；

- 长三角（江苏、浙江、上海为中心）；

- 环渤海（北京、天津为中心）；

- 东北（沈阳、大连为中心）；

- 西南（成都、重庆为中心）。

珠三角是产业最集中、最有优势的基地。其中，欧派、索菲亚、尚品宅配、好莱客、百得胜、卡诺亚、劳卡、诗尼曼、亚丹、艾依格、科凡、伊仕利、诺维家、德维尔、伊百丽、联邦高登、皇朝、新标等、箭牌、韩丽、大自然柯拉尼等，都集中在珠三角，形成产业集群。依托上半场所累积的品牌财富，它们在不同程度地向其他产业基地进行延伸。

近几年，成都定制圈的发展成了行业的一个令人瞩目的现象，在以成都为中心的西南品牌中，成都德贝厨柜以其过硬的产品、生产、管理、运营体系成长为定制行业耀眼的明星，在下半场的角逐中，德贝是最有潜力冲进第一品牌阵营的品牌之一。伊恋、全友、益友、品潮等也在不断地自我提升与努力，它们已经形成一股清新的成都定制力量。

板材行业的整体转型与升级也是近几年的特别现象，作为板材集中地的山东临沂，无论是当地的政府还是企业，都为转型升级做着不懈的努力，也成长起来一些有代表性的企业，如福达木业旗下的欢乐熊全屋定制快装、安信美家智能快装等。另外，还有江苏板材代表企业中原木业的德鲁尼定制，福庆木业的全度定制家居。

从销售规模的角度来看，2017 年欧派以 113 亿元独领风骚；索菲亚 61 亿元、尚品宅配 53 亿元居行业第二梯队；志邦、好莱客、金牌都在 10 亿元级的规模，居第三梯队；其他的 2 ~ 10 亿元规模企业为第四梯队。

三、品牌的五大竞争格局

在定制行业的上半场，一线品牌已经完成了产品、渠道、终端市场的基本布局。而在下半场的角逐中，特别是经过一波上市潮，一线品牌手里有大把资金后，营销较量将会更简单粗暴。

从目前市场的表象来分析内在本质，现在的一线品牌正在从五个方面进行品牌巩固与进攻。

1. 品牌认知之争

一线品牌在上半场已经基本形成了渠道品牌的认知，接下来对于消费者的品牌认知占领是新的聚焦点。这可以从各大机场、高铁站、网络、自媒体等媒介看出，各厂商在品牌认知与消费者引流上正在不惜血本地火拼。

这一现象的出现是由新一代消费者的购买习惯发生改变引起的。现在的年轻消费者在采购家居产品时，会先利用互联网学习相关知识，最后再到终端指名购买。也就是说，谁控制了认知入口，谁就控制了相对的客户流量入口。

在这样一场品牌认知战中，相对弱势的品牌也不是只能束手就擒。其中，差异化定位进行精准传播切入是较为经济有效的方法之一。笔者建议，这些企业应该聚集资源在局部市场中进行全方位的饱和式进攻。

2. 渠道占位之争

定制家居上市企业多以经销为主，直营与大宗客户为辅。如图 2-3 所示，在营销网络中，欧派最强大，已经进入了"全屋定制 MALL"模式；其次是索菲亚，现阶段在一线城市布局百家超市店；而尚品宅配在直营渠道的基础上，重点铺设加盟店数量。其他品牌也在重点布局线下渠道。我国目前拥有 2854 个县级行政区单位，显然多数的定制家居企业的门店数量还未达到饱和，仍需坚持以渠道下沉、覆盖市场作为渠道经营的主要策略。

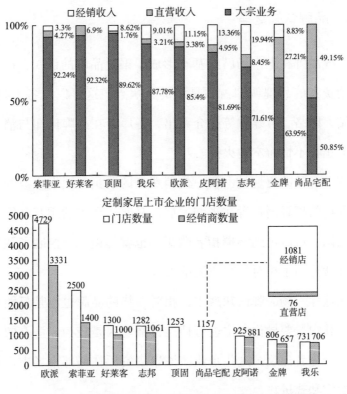

图 2-3　定制家居上市企业的销售收入结构与门店数量

根据资料，我们对主要品牌的渠道扩张计划做了如下整理分析：

（1）**零售终端**

● 欧派："欧铂尼"未来三年新增门店1200家，"欧派全屋定制MALL"300家；

● 索菲亚：2017年衣柜新增门店200～300家，橱柜新增门店300家；

● 尚品宅配：在稳固直营渠道的同时，将重点增加加盟店数量；

● 好莱客：新增门店300家；

● 百得胜：五年内达4000家店；

● 顶固：精品五金，推行"千城万店"工程；智能五金，可能进入家电营业网点；

● 志邦：下沉渠道，拓展网络渠道，开拓海外销售渠道；

● 皮阿诺：力争五年内经销商营销点达2000家；

● 金牌：扩大城乡营销网点，加强零售、大宗业务、电商销售力度；

● 我乐：2019年橱柜门店超过1000家，全屋定制门店总数达到500家。

（2）**大宗业务**

● 欧派：与保利、华润、和记黄埔等知名房地产商建立了合作关系；

● 索菲亚：与河南恒大成立合资公司，为恒大旗下楼盘进行定制家居配套；

- 志邦：与恒大、龙湖、绿都、万科知名房地产商合作；
- 顶固：衣柜，恒大；五金，TATA、江山欧派；
- 皮阿诺：与河南恒大在兰考设立合资公司，该公司享有恒大优先采购权；
- 金牌：与金茂、金科、中骏等几十家百强地产企业形成战略合作伙伴关系；
- 我乐：恒大、龙湖、中南建设等。

可以说，在定制行业上半场的角逐中，传统优势的渠道资源基本被控制在一线品牌的手中。从某种意义上讲，是优势的渠道资源成就了一线品牌在终端市场的品牌地位。

强势品牌在渠道优势占位的前提下，对后进的或弱势的品牌进行居高临下的打击。同时，一个更具战略性的动作是在全国不断地进行渠道渗透，开始慢慢蚕食那些原本是弱势品牌占一定优势的市场。这让很多弱势品牌不能容忍，又有点无奈。

强势品牌原来在渠道布局中采用的基本策略是：在大城市开标准店或精品店，小城市开大店。但随着各个企业全屋定制或大家居模式的升级，开店布局模式也发生了很大的变化，主要有以下三种模式：

- 模式一：大市场＋大家居＋大单店；
- 模式二：大市场＋小微店＋引流展示；
- 模式三：大市场＋大单店＋爆款品。

开店布局模式的变化，意味着强势品牌对渠道渗透做得越来越全面。

另外，原来单一的渠道加盟模式也发生了改变，从原来的"总部—卖场—门店—用户"到更多元的模式，如图2-4所示：

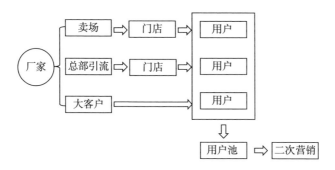

图2-4　定制行业渠道2.0模式

那么，弱势品牌是不是就没有还手之力呢？不是。笔者建议，大家可以在局部市场，集厂家与加盟商的资源一起合力进行市场深耕，特别是大市场的深耕，与强势品牌的区域经销商进行对抗。谈到这个问题，笔者相信很多弱势品牌的人会说，我平时最怕的就是大市场，我就是通过农村包围城市的策略来生存。其实不是的，做大市场并不像大家想象得那么难。

在经营大市场的过程中，传统渠道占位不占优势，完全可以通过布局创新来解决这个问题。优势渠道布局是一城多店、一店一商圈或一类群体的做法，但对于没有渠道占位能力的品牌来讲，通过开一店搞定一城市的布局模式也是可以尝试的。

3. 市占率之争

强势品牌在定制行业的上半场中，主要是通过渠道扩张与市场增量实现高速发展，到了下半场，强势品牌必然依靠品类延伸与价格延伸来取得突破性的业绩增长。而相对的弱势品牌还是要通过渠道扩张来取得业绩增长。

目前全屋定制是家居行业的重要发展方向，各大定制家居龙头企业纷纷向全屋定制发起冲锋。这正是品类延伸最直接的表现。当品类延伸也无法拉升业绩时，价格就会成为他们手中的一张牌，特别是一些上市公司要对股民有个交代。

总的来说，定制行业下半场已经开启，强势品牌与弱势品牌也到了要摊牌的时候。双方都有自己的牌，就看怎么出招，如图2-5所示。

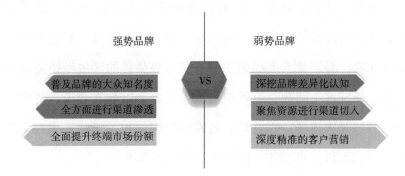

图2-5　强势品牌与弱势品牌的招数

4. 产能布局之争

产能不足，是目前定制家居企业不能言的"痛"。兴建生产基地、扩充产能，是定制家居企业的当务之急。各个有实力的厂家不断布局全国各个生产基地，其中湖北黄冈、荆门、安徽六安叶集等成为定制企业产能跑马圈地的热土。索菲亚、百得胜、玛格以 5 个生产基地成为制造领军者，索菲亚突破 105 万套成为制造最强者。

在全国布局生产基地，不仅解决了原本的产能供应问题，同时也解决了品牌在当地区域的服务能力问题。原来区域品牌与全国性品牌竞争的一个核心是服务半径的优势之争，随着资本不断进入定制行业，这一优势的竞争格局将会被进一步突破。家居定制各大企业的资本情况，如图 2-6 所示。

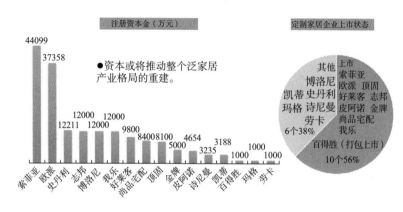

图 2-6 家居定制各大企业的资本情况

5. 专业人才之争

定制行业近几年快速的发展，让企业需求与专业人才的供给形成严重的断层现象。要强调一点，企业缺的不是人，是人才，是专业的人才。无论是企业总部还是终端经销商，都面临着人才短缺的问题。这也是很多企业与经销商发展的一个重要瓶颈。

现在的定制企业之争，是综合能力之争，综合能力之争的本源就是人才之争。这里说的综合能力并非仅指企业的规模，还有企业的运营能力。

本质上，定制行业是一个系统的服务行业，其要求的人才并不是那些高精尖的特殊人才，而是在各个环节都熟悉运营的岗位人才。

近几年，进入定制家居行业的企业越来越多，急需有行业经验的人才，企业间人才流动日益频繁。一方面，由于管理与机制不完善，大多数的二三线定制企业成为人才流失的重灾区；另一方面，很多大企业的中低层的管理人才流动到小企业任职中高层管理者，这也让这些大企业头疼。所以，无论是哪个角色的企业，都要上升一个高度来处理这个问题。

大企业已经慢慢完善内部的人才建设体系，中小企业在这方面还有很多路要走。归根结底，还是整个行业的职业化教育不够完善。

第三章　成品家具与定制家居如何共赢

未来的家具都不叫家具，叫定制家居；未来的定制家居都不叫定制家居，都叫家居。

定制家居庞大的、疯长的市场规模，让众多非本行业的企业蜂拥而至，家居行业进入全民定制的时代。

定制是个围城，山外看一路风景，山里一绕十八弯。众多企业疯狂跨界进入定制行业，在这场狂欢的盛宴里，只有真正掌握资源与规律的企业才能在这场跨界竞赛中拔得头筹。

在与定制家居争夺和融合的大潮下，真正适合成品家具企业的路是什么？

一、成品家具，本不需追随的追随者

定制家居的很多生意本该是成品家具企业做的，你信吗？

是成品家具企业自己不争气成就了定制家居行业，现在反过来向定制家居行业转型，你服吗？

如果成品家具再争一次气，找到自己改良后的基因，比别的行业跨界定制家居更有成功的机会，你动心吗？

如果成品家具还不尽快融合定制基因，不重新升级商业模式，就会像空气一样蒸发掉，你害怕吗？

成品家具最疯狂的岁月是 2003－2008 年。那时，当成品家具的套房产品卖到了全国大大小小的城市，而定制家居还只是壁柜，连定制衣柜都没有；在成品家具连给消费者换个颜色都极不情愿的时候，定制壁柜还在专门为消费者做那些不起眼的边边角角的柜体产品。不过，后来定制逐渐延伸到衣柜、客厅主体柜，一直到现在的全屋定制，从原来被成品家具不放在眼里的品类逐渐变成主导品类，甚至在某种程度上决定着成品家具的命运。

很多成品家具人士说得最多的是：市场趋势太强大了。

笔者在这里要说，不是市场趋势太强大了，是做成品家具的人太懒了、太麻木了。

成品家具的市场是怎么被定制一点一点吃掉的？笔者就亲身经历过其中的很多细节！

比如，在成品家具的终端，消费者看中一张床、一个沙发或一个衣柜的款式，但对颜色不满意，或尺寸不合适，要求做改动。经销商为了接下这单生意，就向工厂提要求，而工厂的一般回复是："不可以改。"经销商再努力申请，会说："要改可以，但要加几千块钱。"而这只是换了颜色或是改了一点尺寸，这种现象至少有 10 年时间一直被忽视。很多人给的原因是："这样做工厂成本高啊，我要做标准化啊，行业规矩都是这样的啊……"

好了，定制家居出现了，你不干的我干。

改尺寸，小意思！我的切入点就是按尺寸来。

改款式，没问题！我展示了一大堆门板，柜体基本标准化。

大家都知道，当时做板式家具的核心命脉就是卧房，而卧房的灵魂就是床和衣柜！衣柜直接被定制抢走了，卧房里其他的东西被抢走也就指日可待了。定制家居的发展路线如图3-1所示。

成品家具不愿做的边角柜

成品家具不灵活的书桌、书柜

成品家具不愿改尺寸的衣柜

全屋定制来了

卧房、客厅被定制整套搞定

图3-1　定制家居发展路线图

其实，从更深层的逻辑来看，定制家居是立足于定制，尽力迎合的是家装需求，而成品家具是立足于家具，尽力迎合装饰需求。结果，定制家居立足于自身优势，不断向前端整合成品家具的产品品类，而成品家具这么多年基本没动。我们还常常听到一些微弱的甚至有点自我安慰的声音："让消费者先定家具，再定家装。"入口不在这里，等待就是很危险的。消费者对家居定制空间的偏好度，如图3-2所示。

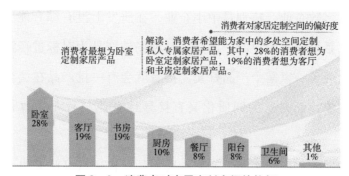

消费者对家居定制空间的偏好度

消费者最想为卧室定制家居产品

解读：消费者希望能为家中的多处空间定制私人专属家居产品，其中，28%的消费者想为卧室定制家居产品，19%的消费者想为客厅和书房定制家居产品。

卧室 28%

客厅 19%

书房 19%

厨房 10%

餐厅 8%

阳台 8%

卫生间 6%

其他 1%

图3-2　消费者对家居定制空间的偏好

从图 3 - 2 可以看出，如果卧房这个领域没守住，争夺其他的大家居市场是多么痛苦的一件事。

其实，在与很多已经跨界做定制和想跨界做定制的企业打交道时，笔者发现一个让人难受的现象：大多数企业跨界做定制是被逼的，很少有企业是因为市场的前瞻眼光而主动做的。正是因为这种内心不情愿的转型投资，导致定制业务遇到一点困难，很多人就开始怀疑这一决策的可行性。

二、哪些原因造成了成品家具的今日之困

1. 同质化竞争导致企业盈利能力下降

在行业发展的初期，家具产品供不应求，发展起来的品牌基本上只要能做出产品并能顺利交货就可以。正是因为行业红利期让大家过惯了舒适的日子，导致很多企业一直没有将品牌建设、渠道建设、服务体系等放在企业战略日程中。

大多数企业，特别是中小企业，在研发上没有综合能力，还没有以系统研发为导向，而是以某种畅销产品为对标进行跟风模仿，出现了一家某个产品好卖，接着就会有一批产品在展会上亮相的现象，而普遍的同质化又直接导致企业与行业的盈利能力下降。

做通用产品的企业，如果在恰当的时机进行品牌升级、渠道扩张、市场运营，就会成长为规模企业。没有走规模化路线的企

业，则需要在细分策略上进行挖掘：消费者细分、产品细分、市场细分。如果没有跟上这些节奏，就会逐渐被边缘化或淘汰。

2. 电商化对成品家具销售的冲击

当大多数企业还在以低价来寻找生存空间并执着努力时，或以市场信息差来当作竞争壁垒时，电商出现了。对电商渠道做出第一反应的不是传统的家具大品牌，而是在传统渠道上没什么大建树的企业，和其他一些希望通过相对无竞争壁垒模式来争取发展机会的企业。

刚开始，线上引流成本远没今天这么高的时候，一些没品牌号召力的产品以价格作为引流的噱头，将中低端消费者或刚需类的年轻网民逐步圈进这个销售渠道，这使得很多大中城市的年轻中低端消费者直接从传统渠道转移到线上。

起初，业内都认为服务会是线上发展最大的障碍，可随着电商物流的不断完善，家具专业服务得到不断提升，线上与线下融合加速，这让电商销售快速发展与普及。

电商刚开始只是一种销售渠道的创新与延伸，现在已经演变成一种商业模式的升级，出现了线上与线下互跨互融的局面。比如，美乐乐的"线上推广+线下独立体验店"、林氏木业的"纯线上品牌+线下体验馆"。

各个大品牌在后知后觉中逐步介入线上推广，很多品牌还利用线下的影响力促进线上造势。但对于很多在传统渠道没有积累足够发展资金的企业，在面对着日益高昂的线上推广成本，还是只能做个旁观者了。

3. 运营成本高涨，营销观念落后

由于竞争加剧，大众化成品家具的终端零售价在不断下降，企业的原材料成本、人工成本、渠道成本、推广成本却在逐年增加。

原材料成本主要是因为企业的采购规模不能扩大。本来想以价格优势来弥补品牌弱势的小企业，却由于规模小导致采购价高于大企业，从而失去了竞争优势，结果形成马太效应，企业规模越大，原材料成本越低；规模越小，原材料成本反而越高。

人工成本分为两种：一是全社会性的平均人工成本在逐年增加；二是大企业加强了对优秀人才的吸引力。小企业由于盈利能力在下降，会逐步采用降低成本的经营策略，其中最直接也最能主动掌握的就是人才成本，而人才成本下降对眼前利益影响并不直接，使得很多企业会下意识地在这点上缩减成本，导致优秀人才的流失。而优秀的人越是留不住，企业就越难以突破。

渠道成本主要体现在全国性有质量的卖场渠道租金成本大幅增加，而且优质位置资源日益紧缺，没有品牌话语权的企业连进入的资格都没有。渠道成本增加，导致众多小品牌进入全国性大城市的机会成本越来越高。即使进入了，由于大城市的市场运营对终端布局有较高的要求，一般企业与经销商也较难承受基本布局的资金要求，这是很多中小成品家具品牌营销困局越来越大的原因之一。

推广成本主要是企业在品牌传播层面的成本。由于品牌越来越多，除了渠道要占位外，对消费者品牌认知的占位也变得越来越重要。原来只要把产品放到销售渠道，剩下的事都交给经销商去做的时代差不多已经过去。品牌对终端销售的拉动作用越来越明显。有实力的企业，无论是在传统媒体进行拉升品牌地位的广告（如央视）投入，还是在新媒体进行公关传播的投入，都越来越大。

家具企业从刚开始不对宣传进行投入，到广告促进销量，再到后面为品牌形象投入巨额的费用，花费越来越大，大大地增加了企业的经营成本。

除了企业总部层面的品牌宣传投入，全国渠道的主要终端也面临着巨额的投入，特别是主要的大市场，经销商与总部捆绑推广是一种较为有效的方式。

4. 房地产、定制家居抢占生存空间

成品家具近几年销售受阻，其中一个核心问题是大家居时代、大整合时代的到来。

原来的销售模式是由消费者自行采购家居各个环节的产品，所以家居行业各个环节的销售商可以相安无事。但大家居时代、大整合时代的到来，这一切都变了。其中，最明显的是销售入口的改变。

- 各地终端市场经销商自行联合的联盟抢入口；
- 定制家居提前介入全屋定制整合成品家具抢入口；

- 家装公司提前介入进行产品延伸抢入口；
- 房地产公司提前介入利用拎包入住模式抢入口。

整个家居行业出现了相互延伸的情况：前端家居产品往后端延伸，后端家居产品往前端延伸，都想利用产品线来扩大自身的市场空间。成品家具在入口抢占上一直没有突破。从定制家居近几年的发展势头与进步来看，成品家具在产业链整合的角色上反应确实有点慢。

三、定制成品化：成品家具和定制家居共赢的未来

定制家居，是立足于空间与功能向家装的基装端衔接的角色。而成品家具，是立足于功能与装饰向家居美学衔接的角色。

定制家居在对空间的利用、家具功能的演绎上，从产品研发、产品整合到销售展示都在突飞猛进地进步，致力于让终端展示的所见变为消费者家里的所得。而成品家具随着这么多年的发展与累积，在产品美学的终端呈现上越来越完善，但仅仅是停留在自身的销售展示环节。

消费者的消费观念在不断升级，从通用化的功能产品消费，到个性化的定制产品消费，再到家居美学装饰的需求。一站式采购、一步式服务、一体化设计的全方案解决，已经被越来越多的企业作为新商业模式的突破口，因为家居行业单一的产品提供已经很难满足这些日益升级的消费市场。

未来家居行业商业模式落地的 3 个核心是：基装、定制家居、

软装。

从这里可以看出，定制家居与成品家具将会合二为一，成为定制家居板块。定制家居与成品家具产品融合的具体思路是：产品＋空间定制＋成品化装饰。

定制市场的主流品牌的主流做法是：用精准获量把成品的优势基因发挥出来，用"定制成品化"的特殊路径实现独特全屋体验，"定制成品化"不是把定制产品做成成品，而是让定制最大化融入成品，最终能够领导成品实现未来全屋的模式。做宽度和广度对于中端和准中端品牌的产品是实用的，但对于准高端和中端产品，做深度和准度更实用。

"定制成品化"的核心要素包括以下四点：

1. 颜色、面料成品化

中高端产品以实木居多，定制的主体面料一定以成品市场的主流木色为主，比如乌金木、胡桃木、花梨木、橡木等，木纹木色高仿真要达到中高端实木成品的程度。

2. 风格成品化

相对于定制主流品牌的产品风格来讲，要做风格精准设计。风格是品位的外在表现，做工是品质的内在基础。

3. 模块成品化

定制系统化、模块成品化也是标准化的核心，标准化是企业制造效率的基础，同时模块成品化对于提高应用设计和沟通销售效率也有帮助。

4. 工艺成品化

工艺是产品的基因，对外体现造型和做工，对内落地设备布局、人工结构。

产品融合，是未来！

融合的背景下，定制成品化是家居行业已经看见的未来。

第四章 大地产、大精装、新零售下的定制行业

一、新机会下的行业终端大背景

大地产对应的是家居行业产业大配套。

大精装对应的是家居行业的大工程业务。

新零售对应的是家居行业新终端模式。

这是直接影响定制家居行业工厂与终端经销商的大环境。能看清这个大环境，经销商未来五年的路也就很清晰了。

中国房地产行业变革已经是事实。作为一线的经销商，有必要做前瞻性地了解。

近两年，各省份陆续出台相关全装修或精装修政策。也就是说，毛坯房交付的时代将逐步退出房地产市场。目前，全国加入全装修队伍的省（市）已经有 16 个，这 16 个省（市）中有 15 个省（市）的全装修政策会在 2020 年之前开始实施。各省全装修或精装修政策实施的时间轴，如图 4-1 所示。

随着地方政府全装修政策陆续出台，定制精装的主战场已经非常明确。从上述的政策条文可以看出，地方政府提倡"菜单式装修与个性化服务相结合""毛坯房和精装修分别计价"。

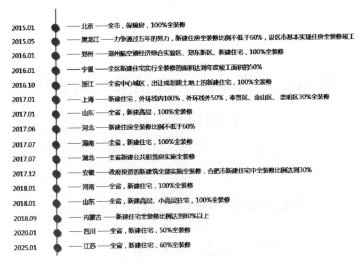

图4-1 各省全装修或精装修政策实施时间轴

2013-2016 年，商品住宅全装修竣工规模分别有 64 万套、101 万套、85 万套、106 万套，全装修占当期住宅竣工套数比例分别 8.6%、13.2%、12.1%、14.2%，呈现稳步上升趋势，如图 4-2 所示。

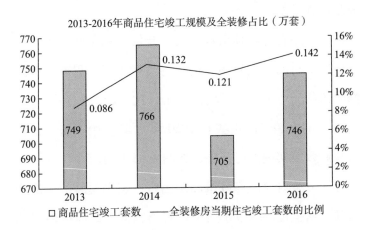

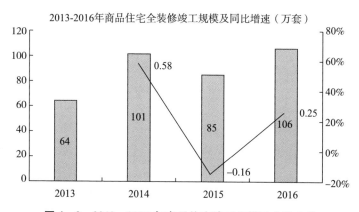

图 4 - 2　2013 - 2016 年商品住宅竣工规模及全装占比

目前，全装修住宅在我国住宅总量中的占比较低，不到20%。如图 4 - 3 所示，相比美国、德国、法国、日本等发达国家的 80% 以上的比例，我国住宅全装修仍有较大发展空间。2017 年5 月颁布的《建筑业发展十三五规划》，提出到 2020 年新开工全装修成品住宅面积达到 30%。

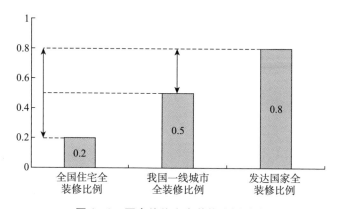

图 4 - 3　国内外住宅全装修比例对比

从总体市场来看，一线城市全装修政策出台较早，市场覆盖率较高，目前基本实现 100% 全装修交付；二线城市已经成为全装修市场的主力市场，规模最大；三四线城市及其他沿海旅游地区县级市也逐渐加入全装修的队伍。具体情况如图4－4所示。

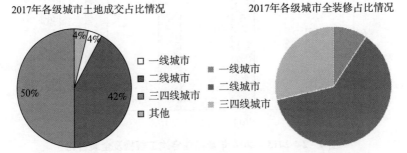

图4－4　2017年年各级城市土地成交占比情况与全装修占比情况

2017年TOP10房企全装修市场份额，恒大以16.3%的份额居首位；碧桂园次之，份额为13.6%；万科第三，份额为12.7%；融创第四，份额为3.3%；保利地产第五，份额为2.9%。TOP10房企占全装修市场总体规模的56.4%，市场的集中程度较高。龙头地产商精装修项目占比大，恒大100%、万科90%、保利75%、绿地75%、金地50%。

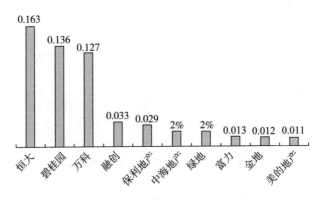

图4－5　TOP10房企全装修市场份额

二、家居行业终端会不会被完全重构

家居行业原有的销售模式是建立在中国原有的房地产市场模式基础上的。那么，当中国房地产模式发生变化的时候，家居行业被重构也就是情理之中的事。

住宅全装修已经完成了固装家具及前面环节，这对固装家具为代表的定制家居行业造成冲击，新房的家居入口前置到房地产开发商处。在这种模式下，各类建材销售渠道将发生巨大变化，各家居产品会以另一种方式出现在这条利益链里面，如图4-6所示。

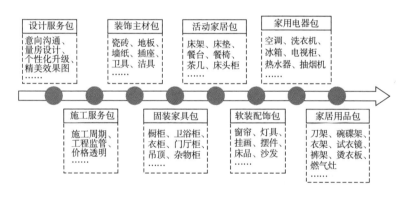

图4-6 住宅全装修的产业链

看到这里，是不是有些人开始下结论，以后都是精装房了？以后都是工程了？

其实，我们不能武断地下这些结论。

1. 中国的市场足够大、类型足够多

为什么说中国市场足够大、类型足够多呢？从经济规模来分，中国的市场可以从一线城市、二线城市、三线城市一直分到五线城市；从行政级别来分，可以从特级城市、省会城市、地级城市、县城分到乡镇。每种类型市场的渠道格局、消费理念、消费水平、市场环境都有很大的区别。目前，很难说有几个定制家居企业的产品或模式就能把全中国的所有市场统一标准化地垄断起来，毕竟有些市场是大巨头不能做或不愿意做的。比如在大多数的县城和不太发达的地级市场，精装房的影响就不太明显，原有的营销策略在未来几年依然有效。

对于经销商来讲，只要你能真正抓住当地的消费属性，再加以有效的经营方式，是完全可以游刃有余的。随着精装房的普及，消费者的更高更深层次的需求会进一步被激发。对于定制家居企业来说，不是威胁来了，而是机会来了。当然，这种机会是留给那些能精准找到细分机会的企业的。

2. 中国家居消费类型足够丰富

中国当下的大消费环境是：有钱人多，没钱人也多；升级消费的多，刚需消费的也多；城市消费潜力大，农村消费潜力也大。

有不少人担心，家居行业会不会像家电一样，被几家大的家居企业垄断。其实不然。我们应该认识到，目前大企业的整体市

场份额只是相对较大，是相对于某一消费类别的，到真正的高占有率的路还很长；在接下来的长跑中，到底谁能走得最远还是有待时间来回答。而且，规模越大越追求工业的标准化，但这又是与高端群体的消费属性相违背的。在发达的大城市，我们有很多产品根本就满足不了真正有钱人的消费需求。在精装房面前，标准化的配套产品总是让消费者若有所失。要把眼光盯向市场，而不是总盯着眼前的同行，前面的市场才是大家要努力的方向！

三、资本加持下的并购能解决问题吗

历经20多年的发展，中国家居建材行业的现状仍是集中度偏低、规模相对松散、整体效益偏低，一如当年还没有洗牌整合前的家电行业。所以，对家居建材行业并购的研究，可以对标已经非常成熟的中国家电行业的并购历程。

中国家电行业在2004年掀起了轰轰烈烈的并购风潮。

2004年3月，南京斯威特集团入驻小天鹅集团；

2004年9月，斯威特收购小鸭集团洗衣机主业；

2004年9月，格力电器收购母公司珠海格力集团公司持有的下属4家子公司的股权，结束了格力集团和珠海格力电器股份有限公司之间的"父子之争"；

2004年10月，陕西彩虹集团入驻厦华电子，新加坡丰隆亚洲股份有限公司接盘新飞；

2004年11月，美的电器成功收购华凌；

2004 年 12 月，美的集团收购荣事达中美合资公司股权；

2005 年 9 月，科龙被海信收购，美菱于 11 月被长虹收购；

2008 年 4 月，美的收购江苏小天鹅，并与荣事达进行全面整合，建立完善的洗衣机产业链；

2012 年 11 月 6 日，海尔成功收购新西兰家电制造商斐雪派克电器有限公司超过 90% 的股份；

2016 年 3 月 30 日，美的 31 亿元收购东芝白家电业务 80% 的股权；

2016 年 6 月 7 日，海尔收购通用电气的家电业务。

中国家电行业的第一轮并购浪潮发生在 2010 年前后。这一轮并购以中国一线市场领导品牌收购细分领域专业品牌为主，如长虹并购美菱、海信并购科龙、美的并购小天鹅等。这轮并购的主要目的是丰富完善产品线，继续做大规模，提高市占率。

中国家电行业的第二轮并购浪潮发生在 2015 年前后。随着国内市场的饱和及利润微薄，更多的中国品牌开始走向海外，进行海外并购。TCL、海信、创维、海尔等，不约而同地选择了定位在海外中高端产品和市场。其中，以海尔 54 亿美元收购 GE 家电成为海外并购的标志性事件。此次并购后，海尔在美国的白电市场一举拿下前三的位置。这轮并购的目的是提高全球的市占率，赚取更多的利润。

企业通过并购达成的战略目标一般有三项：

第一，获取核心竞争力。企业在资源过剩或资源短缺的情况下都会导致并购行为的发生。资源过剩时，企业并购的目的在于扩张，企业的核心竞争力得到延伸，实现经济回报最大化。企业资源短缺时，并购能培养和构筑核心竞争力，获取核心竞争力的战略性资源。

第二，获得更多人才。企业并购可以获取被并购方的团队与人才，弥补自己团队的不足和短板。

第三，获取规模效应与协同效应。并购后的协同效应有极重要的战略价值，如果不能实现协同效应，就意味着双方的资源和能力没有实现共享，就意味着规模不经济或范围不经济，基于并购战略的企业整体战略肯定会受到不良影响。所以，实现协同效应是企业并购后整合的基本目标，是实现并购预期和企业战略目标的基础。

企业并购主要分为三类：第一类就是横向并购，是指同属于一个产业或行业，或产品处于同一市场的企业之间发生的并购行为。横向并购可以扩大同类产品的生产规模，降低生产成本，消除竞争，提高市占率。第二类就是纵向并购，是指生产过程或经营环节紧密相关的上下游产业链企业之间的并购行为。纵向并购可以加速生产流程，节约运输、仓储等费用。第三类就是混合并购，主要目的是分散经营风险，提高企业的市场适应能力。

2017年，欧派、尚品宅配等6家定制企业的扎堆上市，把定制行业推向了风口浪尖。资本市场看好定制行业，许多非定制行业上市公司开始瞄准了定制行业内比较优秀的、底子好、产品好、规模体量相对较小的企业，运用资本的长袖善舞，展开了收购工作。2018年1月18日，最大的行业并购新闻就是顾家家居收购了定制行业最老品牌之一的班尔奇，成为定制行业热议的话题。

据顾家家居称，班尔奇全屋定制是顾家大家居战略模块的补充。根据顾家家居在定制行业以"内生＋外延"做大定制业务的发展战略，并购班尔奇将利于顾家家居实现产业一体化协同效应和资源互补效应，丰富高端系列，完善产品矩阵，促进多品牌战略持续推进，提升自身的综合竞争优势，创造资源整合后实现新增价值的目的。

班尔奇以定制为核心的全屋定制品牌理念与顾家家居发展战略高度匹配。班尔奇以客厅、卧室、书房、衣帽间、儿童间、阳台、厨房等八大生活空间的品牌定制理念，实现了全屋定制的高度覆盖，完美诠释全屋定制的内涵，与顾家家居从专业沙发制造商向专业软体家居制造商转型，并最终发展成为世界级的软体家居运营商的战略导向高度匹配。同时，通过此次战略合作，顾家家居也将为班尔奇带来全新的市场发展理念及专业化的运营管控模式，完美实现优势互补，提高企业效益，促进班尔奇未来高速发展。

这种收购，表面上看是双赢的。上市公司通过收购定制行业内既有成熟老牌企业，避免了自己跨界过来对行业陌生的风险，用资本直接嫁接在现有成熟的企业上，降低了进入行业的门槛和未来的不确定性。而被收购的企业也想通过上市公司的资本平台，给自己赋能，在资金、生产、团队、营销、管理上补齐自己的短板，曲线救国，达到靠自己达不成的商业目标。

但理想很丰满，现实很骨感。并购是两家公司的融合，业务和团队的融合，两家公司是否能够很好地融合，能不能整合在一起、能不能过到一块，这里面含有巨大的不确定因素，涉及企业经营的方方面面。

根据历史数据统计，全球约 70% 的并购签约后将会失败。失败的概念是什么？首先，从财务角度来讲，如果收购失败，这几年会由于目标公司的业务经营不善，导致大量亏损。作为收购方，为了维持经营，还要不停地投入资金、人力及管理层的关注力。除了财务方面的影响，对团队影响也非常大。有一些优秀人员很可能因为管理上的矛盾等，最后离开公司。这可能发生在收购方和被收购方两边。如果团队核心人员离开，并购基本上就败局已定。比如，海信收购科龙后，就出现了双方高管先后出走的尴尬局面，令双方损失巨大。对于收购方来讲，市场上传出收购失败，也是有非常大的影响，无论对企业的声誉、客户，还是对企业未来的并购，都会有很大的负面影响。

并购牵扯到四大整合，即品牌的整合、业务的整合、人员的整合与文化的整合。最难的整合是文化的整合，因为并购是一个文化冲突过程。据专家研究，并购的文化整合一般有四种方式：凌驾、妥协、合成和隔离。凌驾是指并购方用自己的文化强行取代和改造被并购方的文化；妥协是两种文化的折中，求同存异、和而不同、相互渗透、共生共享；合成是通过文化之间的取长补短，形成全新的文化；隔离是双方文化交流极其有限，彼此保持文化独立。因此，在进行整合时，应该更多地考虑组织间的文化兼容性，重视对双方文化要素的理解，增进组织间的相互尊重，进行高度有效地沟通。

从 2010 年开始，随着定制行业的火热，一些定制行业的公司被上市公司收购，但鲜有成功的案例。

2016 年 3 月，德尔未来发布公告，拟以现金 3.14 亿元受让苏州百得胜家居有限公司 52% 的股权。此前，德尔未来已持有百得胜 48% 的股权，本次股权收购完成后，将持有百得胜 100% 的股权。目前来看，德尔未来跨界收购百得胜，是行业内唯一一个成功案例。这个案例的成功，除了德尔未来董事长汝继勇的高瞻远瞩，百得胜两位老股东的前瞻英明，很大程度上得益于百得胜执行总裁张健在其中的核心作用。他通过努力和付出，形成了德尔未来与百得胜两者文化之间的互通互融、取长补短，形成全新的文化，保证了并购的成功。

第一，基于张健在德尔运作上市的资本运作经验。张健在 2008 年回归德尔地板后，任德尔的执行副总裁，他亲自运作了德尔地板上市的全过程，成为地板行业第 11 家主板上市公司。宝贵的资本市场运作经验，让张健具有了高维度的视野与容人、用人的更大的格局与胸怀，使他在孤身一人进入百得胜后，能处理好与老股东的融合、与新团队的融合。

第二，基于张健丰富的人生阅历。张健本人有多年的创业经验与经历，十几年的历练让他对人心、人性有着洞若观火的深刻洞察。张健回忆说，2008 年汶川大地震，他亲自参与了救灾，这对他的触动非常大，让他反思人生、反思过去。他曾经在山里自己待了近一个月的时间闭关修炼，对人生、对人性大彻大悟。这使他在管理艺术上，有着高于一般管理者的段位和格局。他能充分地融合与驾驭企业的各股力量，围绕企业目标的达成，凝聚在他的身边。

一句话，收购容易，收心难！

可以说，在企业并购中，被收购企业的实际操盘人是决定成败的关键。张健说："收购好比是二婚，各自有各自带大的娃，各自有各自的过去，各自有各自的算盘，融合起来比头婚难多了，最考验领导者的智慧与段位！"张健经受住了百得胜的考验，又在后续的小家居战略中的延伸品类收购中继续他的成功。

对于 2017 年后定制行业并购的趋势预测，有以下三种可能：

一是定制行业的上市公司为完善自己的大家居战略，展开对相关延伸品类——橱柜、木门、门窗、床垫、成品家具等品类企业的收购，以索菲亚并购华鹤木门为代表。

二是非定制类的上市公司对定制行业内成熟的有多年生产制造积淀、有相对差异化的产品、有行业经验积淀的团队的二三线品牌的收购，以顾家家居收购班尔奇、永强家具收购老牌定制企业德宝为代表。

三是未来可能出现的，随着精装房、精装修的普及，满足消费者拎包入住的需求，房地产公司很有可能收购全屋定制企业，完善其产品线，成为房地产精装房的配套产业链企业。

第五章 定制行业是否会陷入价格战

一、四大上市公司开打价格战

2018年一开年，定制行业就掀起"血雨腥风"，四大定制家居上市公司纷纷举起价格"屠刀"，开始价格战。索菲亚的连门带柜每平方米799元、1111元每平方米全屋自由定套餐，欧派的22平方米19800元套餐，尚品宅配的每平方米均价518元，好莱客的16800元套餐定制家，如图5-1至图5-4所示，使得整个定制家居厂家与经销商都忧心忡忡。那么，面对一线品牌主动发起的价格战，二三线品牌会不会闻到失败的味道？

图5-1 索菲亚广告POP

图 5 – 2　好莱客广告 POP

图 5 – 3　欧派广告 POP

图 5 – 4　尚品宅配广告 POP

笔者认为，定制行业品牌集中度越来越高是不可扭转的大趋势，但深度的价格战在未来很长时间内还不会爆发。

我们可以对标两个行业：

一是家电行业，特别是彩电，这是强技术驱动与强技术迭代的行业，每次技术革新都会掀起一轮价格战。短短20年，彩电经历了显像管、背投、等离子、液晶四代技术革新，而家具30年来还是基本一样的板材。

二是跟定制行业很像的服装行业，服装面料材质基本没有大的变化，而因个性化、品牌化，有无数的品牌存在。因功能、风格、艺术、服务等都能形成差异化的竞争力，所以只要找准自己的生态位，都可以保证生存，而且有的还活得不错。

二、从家电行业价格战看定制行业

我们先跳出定制行业，从诸多成熟行业发动价格战的历史来分析价格战的主要成因：

第一，价格战一般发生在产能过剩和有高库存压力的行业。因为产能过剩和库存压力，产品越是放在仓库越是不值钱，早处理一天货款就能早收回一天，就少损失一天。中国家电行业30年发展历史经历过五次价格战，主要原因就是大品牌面临产能过剩与库存压力，必须通过发动价格战来减少库存、减少损失。而对于定制行业，一线品牌基本完成全国布局，二三线品牌还在不断地进行全国产能布局，所以整个行业还没有出现产能过剩。另外，定制行业按单生产的C2B模式，让定制厂家很少有库存压力，所以也没有发动价格战的动因。

第二，市场达到饱和才会发动价格战。如果市场蛋糕已经不变了，而分蛋糕的人还在增多，那么行业就会通过价格战进行洗牌，把中、小、差品牌淘汰出局，让分蛋糕的人变少。而实际情况是，定制行业每年的平均增长率都在30%以上，即使是体量相对很大的行业领先企业，仍然保持着30%的年增长率，行业远远没有达到饱和，价格战还不是清理门户的首要武器。

第三，技术革新速度快的行业价格战爆发的可能性更大。家电行业的彩电与3C行业的手机，都是技术革新、技术迭代非常快速的行业。如果你在新技术来临时，还有一堆老技术产品的库存，那就离死亡不远了。所以，对于技术革新快的行业，企业在新技术迭代时必须壮士断腕，否则就会自尝苦果。而定制行业虽然是互联网技术深度介入的行业，但其技术更新速度远不如家电、手机行业，其基础材质、基本板材一般几十年不变，不像彩电行业，短短二十年内就经历显像管、背投、等离子、液晶四代技术革新。

第四，标准化程度高的行业容易爆发价格战。家电与手机行业之所以容易爆发价格战，就是标准化程度非常高，可比性非常强，很容易落入同质化的陷阱。而定制行业在功能、风格、艺术、服务、品牌上都能形成差异化，从而避免了赤裸裸的价格战。

第五，由于消费升级的到来，消费者对价格越来越不敏感，对品牌越来越敏感。家电行业，特别是2000年前早期的彩电行业，之所以爆发价格战，是因为当时消费者购买能力不高，产品与可支配收入之比还很高，消费者对价格比较敏感，厂家用价格战吸引很多消费者，迅速扩大自己的市场份额。而随着消费升级的到来，消费者对价格的敏感度降低，对品质、品牌的要求越来越高，光靠价格很难吸引与打动消费者。

第六，高关注、高频次的消费产品消费者更容易关注价格。由于定制产品是低关注、低频次消费的耐用大件消费品，大多数人一生只买一次或几次，所以并不关注厂家的价格战。而且，中国人普遍对家最舍得投钱，只要是好的品牌、好的品质，消费者是愿意买单的，这也在某种程度上削弱了价格战的效果。

第七，对零售终端的零售价格掌控度高的行业，价格战容易执行到位。家电行业的价格战之所以能执行到位，是因为绝大部分的终端都是厂家直控的，销售柜台上都是厂家的促销员，是厂家负责发工资的员工，厂家要求降价，柜台促销员一定能执行到位。而定制家居的卖场是收租模式，对终端零售价格没有把控能力，厂家采取的代理经销商制也导致终端最终价格的控制权不在厂家，而在经销商手里。经销商可以阳奉阴违，一线品牌厂家在与经销商博弈中虽然占据主导权，但也不能100%控制经销商。

第八，通过价格战来形成竞争壁垒，构筑竞争护城河。最典型的就是小米的产品，如手环、充电器等，小米已经把性价比与供应链做到极致了，价格也是成本性定价，利润微薄到竞争对手进入已经无利可图，从而实现对行业的掠夺性垄断。而定制行业由于分散度高，市场点状化分布，产品很难标准化，消费者很难进行横向对比。如果用小米的打法，效果会大打折扣，"杀敌一千，自损八百"，厂家也就没有强烈的主动意愿发动价格战。

三、定制行业为什么不会爆发深度价格战

定制行业在较长的可见时间内不会爆发深度价格战，还是基于对定制行业深度的分析：

第一，定制家居竞争格局较为清晰，初步形成行业分级圈层。目前，定制家居行业仍处高速增长期，渗透率较欧美发达国家仍有较大差距。随着消费升级的深化，我国定制家居渗透率将持续提高，未来市场增量空间广阔，行业尚未出现大量产能过剩；市场参与者以民营企业为主，实力雄厚的企业较少，市场集中度低。经过前期的高速发展，部分企业脱颖而出，并开始全国布局。定制家居行业已形成初步行业分级圈层，龙头企业品牌定位较强，以中高端市场为主，大力塑造品牌形象，竞争较为理性，激烈厮杀意愿不强。

第二，产品标准化程度低，无库存压力。定制家居企业为客户提供个性化设计，降低了产品标准化程度，提高了对企业前端设计、后端安装维护能力的要求。龙头企业可通过出众的设计能力及售后服务获得溢价，降低了价格战风险。同时，由于定制家居企业实行按单生产，无库存滞销，以及不存在产品更新换代压力，缺乏价格战导火索。

第三，消费者品牌认知度增强，品牌成为企业竞争的焦点。随着人均收入增长及消费升级加速，消费者对品牌的认知度日益增强，定制家居企业纷纷塑造品牌形象，追求品牌溢价。在这种

背景下，主动发起价格战将对企业品牌形象造成致命影响，得不偿失。

即使我们对标家居建材行业内发展了 30 年的地板行业，它已经非常标准化、非常成熟了，曾经多次爆发价格战，但地板行业仍然没有出现多寡头垄断的局面。

地板行业部分具备生产制造能力的企业开启了细分定位。比如，世友地板发挥在实木地板方面的传统优势，开始进行品牌全面建设，进而延展到三层实木、强化等；生活家地板，以巴洛克风格作为定位细分点，重点做实木、三层实木类地板；书香门第地板，定义为美学地板，以三层实木、实木产品为核心，精耕上海市场，成为区域内同领域的销售强势品牌；肯帝亚坚持高性价比的中高端为主的策略，推出 SPP 石岩粉打造的创新产品，进军家用、商用铺装材料等新领域。

未来地板行业将出现一批准确定位于自己细分市场的品牌，形成小而美的品牌群。地板行业会不会在未来只剩下规模性的大品牌呢？答案当然是否定的。在超高端、高端、中高端及实木、多层实木、三层实木、竹木地板等不同维度下，依旧有通过精准的细分人群定位，获得独特竞争优势的品牌。

比如，近几年来"得高""卢森""必美"等进口地板也获得了较好的市场增长，在高端人群拥有较好的知名度和影响力，获得部分人的追捧。书香门第以美学主义作为切入点，赢得了部分忠实的客户，并获得了部分区域市场的营销优势。"北美枫情"主打北美风格，主力推动木家居战略，也取得了一定的成效。

这类品牌切忌跟随大品牌打价格战，而是要寻求自己独特的渠道和营销方式，通过精准的人群定位及优质服务获得高溢价，未来还可以围绕客群进一步延伸相关家居品类来获得新的溢价优势。

所以，对于定制行业，在可预见的未来，爆发深度价格战的可能性不大。一线定制品牌发动的所谓价格战，主要是起到引流和品牌曝光、消费者普及教育三大作用。一线品牌的套餐式营销能在终端市场获得巨大成功，是针对定制消费的固有痛点推出了务实高效的解决方案。伴随着消费升级，以往单品或单品组合类营销模式已经不能满足消费者对全屋定制的潜在需求。而套餐模式解决了定制消费"价格虚高"和"价格不确定"两大消费痛点，不仅受到了消费者的高度认可，还在定制行业刮起了"套餐式"营销的新风尚。不足之处是，套餐依靠"低价"让用户形成了中低端的产品的形象认知。现有套餐模式的用户大多是中端，在一线城市甚至可能是低端用户，虽然能挤压竞争对手，提升部分市占率，但对整个市场洗牌起不到太大的颠覆作用。

虽然说二三线品牌不会在短期内闻到死亡的味道，但并不意味着二三线品牌可以高枕无忧。搞死自己的往往是自己，而不是竞争对手！所有的二三线品牌应该牢记：品牌集中度提高是大势所趋，差异化经营永远是取胜之道。

一句话总结定制行业的未来，"沉舟侧畔千帆过，病树前头万木春！"

【附录】家电行业价格战史

前车之鉴，后事之师。家电行业价格战历史可供定制行业参考。

家电行业是中国改革开放以来发展最快的消费品行业之一，30 年间先后经历了计划定点生产、市场化改革、价格战和并购潮。家电行业从无到有，再到市场集中度的不断攀升，直至出现巨擘鼎立局面，是时代背景和市场规律的综合产物。

从改革开放初期至整个 80 年代，家电行业处于起步阶段，产品严重供不应求，需凭票购买。对于地方企业而言，只要能够引进生产线，无论产品质量好坏，均能获得高额利润。众多国企、集体所有制企业纷纷上马家电项目，家电企业如雨后春笋般纷纷涌现，几乎每一个省乃至较大的地级市都有当地家电品牌。与此同时，由于很多企业计划经济特点浓重，不具备现代企业制度和市场经验，这为后续行业大洗牌埋下了伏笔。

随着经济体制改革和对外开放的深入，家电产能迅速提高，需求增速却逐渐下降。地方家电品牌开始开拓全国市场，为提高市场份额，家电的各个细分行业开始爆发了一系列的价格战。

1. 彩电行业：价格战旷日持久，恶性竞争致行业利润微薄

为抑制 1988 年开始的抢购倒卖之风，1989 年国家推出电视特别消费税，需求萎缩导致产能过剩，行业集中度在价格战推动

下快速提升。四川长虹率先发起第一次价格战，每台彩电降价350元，市场份额迅速扩大，销量荣登1990年榜首。在这个过程中，单纯引进生产线但缺乏现代制度的企业逐步退出市场。经过第一轮洗牌后，1995年彩电CR10已超过70%。

1996年前后，由于技术革新，占彩电总成本60%的显像管成本大幅下降，四川长虹对产品进行降价发起第二次价格战，其他企业纷纷跟进，地方性电视企业逐步凋零，市场由长虹、康佳、TCL、海信等巨头瓜分。长虹价格战大获成功，份额从22%上升至27%。

随着康佳、TCL等降价，长虹价格优势不再明显，为维持原有的市场份额，1999年长虹再次降价，平均降价18%。但是，连续小幅降价使消费者形成降价趋势预期，一定程度上影响了长虹的品牌形象。另外，对经销商补贴不足导致部分经销商拒卖长虹彩电，长虹市场份额不升反降，净利润出现较大幅度下滑。为扭转市场份额下降的趋势，长虹2000年挑起第四次价格战，降价幅度高达35%，虽然销量重回第一，市占率回升至25%，但2000–2001年两年净利润降幅均超过50%，价格战再次失败。

之后，价格战转移至背投彩电这一高端市场。为扩大高端市场份额，2003年长虹挑起第五次价格战，背投彩电平均降价25%，行业再次进入恶性竞争。该政策导致长虹2004年计提约10亿元存货跌价准备，是2004年亏损的重要原因（另有25亿元亏损来自美国Apex公司的坏账准备）。

作为发展最早的家电子行业，彩电行业历经多次价格战洗礼后，2005 年 CR10 超过 90%，但是旷日持久的价格战使得整个行业利润微薄。受制于黑色家电的消费电子属性，行业技术更新换代快，龙头企业优势不稳定，毛利率并未随集中度提高而提高。其他家电子行业在发展过程中大多吸取了彩电行业价格战的教训，转向品牌和渠道竞争。

2. 空调行业：暴风雨后归于平静，千亿巨舰迎风起航

我国的空调产业发展较彩电相对滞后。由于耗电量巨大，改革开放初期空调属于限制发展产业，因此中国的家用空调产业发展较彩电相对滞后。直到 1987 年春兰开发出第一台柜机，1988 年华宝开发出第一台分体壁挂机，空调才正式产业化。华宝和春兰统治了空调行业从 20 世纪 80 年代末到 90 年代中期的近 10 年时间。

1994 年，空调产能开始过剩，第一次价格战爆发。春兰由于1994 年年底启动摩托车项目，占用了企业过多的资金与精力，空调业务市场份额逐渐萎缩，逐步退出空调行业第一阵营，而格力凭借出众的成本管控和营销能力在价格战中胜出，登上 1995 年销量榜首。第一次价格战后，杂牌企业退出市场，空调行业形成了全国性龙头与地方性中小品牌共存的竞争格局。

春兰出局后，空调行业迎来短暂的平静发展期。然而，1998 年另一巨头华宝由于自身管理问题出现巨额坏账，在政府的干预下被科龙收购。科龙收购华宝后，主推科龙品牌，广告也全部投向科龙品牌，华宝逐渐没落，格力、美的和海尔进入行业前三。

2001 年，格林柯尔接手科龙，2002 年发起了空调第二次大规模价格战。价格战使得居民空调保有量大幅提高，行业利润却步入冰点，在龙头企业价格战的挤压下，地方性中小品牌逐步出局。然而，科龙为压缩成本牺牲了产品质量，并未得到市场的认可，于 2005 年被海信收购。此次价格战反而帮助格力、美的和海尔进一步巩固了市场地位，形成了直至今日的三足鼎立格局。

经历 2002－2005 年的价格战之后，品牌价值成为竞争焦点，行业未见大规模的价格战。2005 年之后，空调行业集中度不断提升，CR3 超过 50%，CR10 超过 90%，行业竞争转为龙头企业之间的竞争。在经历 2002－2005 年价格战的惨烈教训后，龙头企业继续厮杀意愿不强，品牌价值成为竞争焦点，降价多以短期促销为目的，行业未见大规模价格战，加之家电下乡政策和节能补贴带来的需求增长，格力、美的、海尔空调毛利率逐年上升。空调行业由此还诞生格力、美的两个两千亿市值巨头。

3. 厨电行业：品牌价值为重，价格战未起硝烟

厨电行业竞争集中在龙头企业的产品与品牌之间，未见激烈价格战。相比彩电和空调行业激烈的价格战，厨电行业的发展波澜不惊，龙头企业竞争以产品和品牌为主，未出现激烈的价格战。厨电主要包括吸油烟机、燃气灶、消毒柜等，我们以份额最大的吸油烟机为例，探讨厨电龙头企业的崛起过程。

与彩电、空调等行业相比，油烟机行业在发展初期缺乏国家层面的规划，加之行业门槛较低，家族企业、乡镇企业是行业的

主要参与者，缺乏实力雄厚的国有企业。因此，从20世纪80年代末起步至90年代中期，油烟机企业大多品牌意识薄弱且扩张意愿不强。同时，由于杂牌企业众多，市面上产品大多质量较差，产品质量是否稳定成为决定销量的关键。帅康凭借率先推出吸力更强的厚式油烟机，登上1996年销量榜首。玉立、帅康、老板是当时的三巨头。

油烟机行业发展至1996年，油烟机仍然外形丑陋，漏油、噪音等问题突出。1996年方太成立，推出质量稳定、设计精美的油烟机产品，同时斥巨资在央视投放广告。帅康、老板接着跟进，正式将行业带入品牌时代。由于油烟机使用寿命较长，且与厨房装修紧密相关，消费者对外观与质量的要求更高，"方老帅"凭借高端的品牌形象推动销量节节攀升，成为21世纪初期油烟机行业的代名词。与此同时，玉立没有跟上发展趋势，在品牌化的过程中掉队。

厨电的真正快速发展始于2000年以后的房地产开发热潮。"方老帅"继续在央视投放广告塑造品牌形象，产品设计优良、外形美观，市占率逐年上升。然而，帅康由于尝试多元化发展，在房地产、光伏项目上投入过多精力，油烟机市场份额逐渐萎缩，退居第二梯队。老板和方太凭借品牌形象优势，继续提高市场份额，形成今天的双寡头格局。

第六章　定制行业离智能化有多远

近几年，大数据、人工智能成为热得不能再热的词。互联网最被大家熟知的 BAT，本质上都是基于人工智能和大数据的企业。你在百度上输入任何一个关键字，不到一秒，它就能把全网相关的信息推送给你，这完全是超出人的想象的一种服务，只有靠机器才能做到。

表面上看，淘宝只是一个网站，但它最核心的其实是一个巨大的搜索和推荐引擎，让每一个人都能得到个性化的服务。每天上亿人在淘宝上挑商品、做买卖，这些个性化的服务如果都由人来完成，那么淘宝雇再多的人也忙不过来。越来越多的场景只有靠机器、人工智能才能完成这些海量的个性化服务。淘宝的核心推荐引擎就是人工智能的运用，它由很多种复杂的算法糅合在一起，每天进行海量数据的自动处理，完成淘宝对消费者提供的千人千面的体验和服务。

一、未来商业会全面智能化

什么叫智能化呢？就是未来商业的决策会越来越多地依赖于机器学习，依赖于人工智能。机器将取代人，在越来越多的商业决策上扮演非常重要的角色，它能取得的效果远远超过今天人工运作带来的效果。

今天人工智能的技术核心，其实是机器基于神经网络的 DEEP LEARNING（深度学习）。它所谓的学习，是通过概率论的方法，不断地去通过正反馈来优化结果，而不是像人一样去思考和学习。这种机器学习的方法必须基于海量数据的校验，必须基于算法的不断反馈过程。所以，这个阶段人工智能本质是一种数据智能。

数据智能实现的前提条件是企业的产品和服务要连上互联网，实现在线的状态。因为只有随着联接的不断发展，信息和人都在线了，人和人、人和信息之间的互动才会越来越丰富，最后交织成越来越繁密的网络，可以用更高效的方法去完成原来很难实现的事情。

以淘宝为例。大家能够感觉到，在淘宝上什么东西都能买得到，性价比非常好，但海量的商品通过千万级的卖家抵达几亿的消费者，实际上是很多角色共同配合、实时互动才能实现的。这其中包括大家熟悉的角色，比如卖家、物流公司；也包括大家完全感受不到的各种各样的新型角色，比如给卖家做店铺装修的、存货管理系统的、在线客服管理系统的；还包括网红及给网红拍照的摄影师，等等。这些角色在这个平台上用网络化的方式结合在一起，才形成了淘宝这样非常高效的大零售平台。

今天最成功的互联网公司，被叫作平台或者生态，其本质就是一个非常复杂的协同网络，它的核心机制就是在线和互动的不断演化和深化。

二、定制行业商业智能化需要前后端打通

中国定制行业内有四类参与角色：定制门店、定制生产厂家、定制生产设备供应商和定制材料供应商。据三维家CEO蔡志森讲，仔细研究这四类角色，发现存在诸多致命的弱点：流程多、低效率、高浪费；各个角色间各自为政，信息不互通，协同性差，从原材料到成品、工厂到门店、设备与车间的磨合效率非常低，角色之间、环节之间很容易形成信息孤岛，很难产生网络协同效应。

定制门店的痛点就是缺员工，更缺的是会画图的员工。定制行业的属性决定了没有画图是很难成交的。随着定制行业企业的渠道渗透下沉，很多品牌已经开始"招县纳市"，招商和门店已经渗透到四五级市场的县城。而县城要招到会画图的设计师是非常困难的。即使招到会画图的设计师，消费者也不一定买单，因为图画得既不好看也不好用。

定制门店虽然毛利在50%以上，但也有很多门店不挣钱，原因就是流程太长、太复杂，需要跟客户反复沟通，一旦出几次错，门店的高毛利就减少很多。即使门店把单子签下来了，如何把顾客的订单准确无误地传递给工厂也是一个大关卡，非常容易出错。定制门店现在都在做全屋定制，有些品牌已经涉及大家居，如此多的品类，对门店员工的要求非常高，单靠人力解决不了这个难题。

定制生产厂家的痛点就是通过人工与门店进行订单的沟通，存在大量的信息不畅、信息失真，导致工厂出错。工厂设备的利用率

低，经常要等软件、等原材料。工厂设备虽然这几年已经升级为数字化的数控设备，但对工人的要求还是较高，机器的操作系统还是古老的 DOS 系统，工人不但要懂操作设备，还要懂编代码，这样的工人越来越少，薪资也会很高，给企业带来高成本负担。

定制生产设备供应商基本都是从传统设备转入做数控设备的。设备厂家对数控设备是既爱又恨。爱的是数控设备生意越来越好，恨的是卖了设备后被定制厂家骂得要死，因为软件总出问题对接不上，软件与硬件之间存在巨大的数据鸿沟。

定制材料供应商为了满足定制厂家个性化定制的要求，在花色品种上要备有数百乃至上千个 SKU，这给材料商带来很大的库存负担和成本负担。

对比汽车行业厂家 20% 的平均毛利，而定制行业平均毛利在 30%～50%，即使是这样相对丰厚的毛利空间，很多定制企业实际上还是不怎么挣钱，只是靠定制行业较好的现金流来存活。导致这种情况的重要原因之一就是定制行业前端的设计方案与生产后端的对接不畅，目前很多企业仍未解决这个问题。没有软件打通前后端，很多企业都需要依靠大量的人力解决，效率低下，造成极大的成本浪费。

可喜的是，以三维家为代表的软件企业，正在立志改变定制行业落后的现状，通过自己打造 IT 系统，真正实现前后端打通，用数据智能为定制企业及各参与角色赋能，实现定制行业的网络协同效应。

三维家最终要达成的前后端一体化的终极目标就是：前端的

效果图场景文件直接变成后端的下单生产文件。

整个流程是：顾客进入门店后，门店导购通过手机、IPAD 呈现全屋定制的参考方案，了解客户需要什么样的门板、需要什么样的材质、需要什么样的软装，结合顾客的户型图，利用 AI 智能设计，给顾客展示 720°场景效果，并通过 VR 设备实现沉浸式的消费体验，让顾客所见即所得，门店设计出来的定制家居直接对接到工厂生产，并且能够准确无误地安装上。

在门店设计端，以传统方式给消费者做整个全屋定制，使用激光测距仪要 5 个小时，而未来量尺通过 AI 技术可以缩短到 10 分钟。未来中国也会出现专门的户型绘图公司，一次性绘制完成后就可以开放给所有的定制品牌使用，而不是每家品牌都要上门量尺，造成重复浪费。在设计效果上，通过三维家的 AI 智能设计软件，大大地降低了门店设计师的技能要求，利用人工智能算法，空间智能生成、布置，定制产品设计参数化，功能区一键化灵活操作，即时给顾客提供精美的定制化全屋方案；基于前后端共用一个专家种子库，数据互通，在门店前端就能一键报价、一键下单，降低门店对人的依赖，提高门店的接单效率。

在生产端，依托前后端的数据一体化，后端"智造"系统由云订单、MES 制造管理、MCS 设备控制、MPM 扫描跟踪等多子集系统组成。云订单系统高效对接门店，云端处理订单，无需再画 CAD 图，实现一键拆单，输出生产数据文件；MES 制造管理系统可以实现分厂管理、设备管理、工艺路径管理、工艺条件设定；MCS 设备控制系统实现生产加工数据无缝输出对接到设备，控制设备加工生产；MPM 扫描系统实现订单在车间的全流程：开料、封边、打孔、试装、包装、入库、发货、入仓信息的实施监控与扫描。三维家在一个图形软件里既能够满足前端智能化设计，又可以满足工厂精细化生产，打通门店、工厂对接过程的信息壁垒，消除软件与硬件的数据鸿沟。

从目前市场情况来看，对于前后端打通定制厂家有两种实施思路：

一种是前后端分别用两套不同的软件，前端是效果图软件，后端是生产软件。比如前端大多数定制企业采用了三维家、酷家乐软件，后端用三维家、2020、圆方、维纶科技等软件。

另一种是前后端都采用一家公司的软件，如三维家的前后端软件。

对于前后端打通软件的使用情况，以定制企业对三维家软件使用为例：

金牌厨柜信息总监张九兵说："金牌在十几年前就开始进行信息化建设。2005 年，我们引进了系统软件，进行订单的管理、跟踪、搜集生产数据等。同时，我们选择与三维家合作，通过云端架构，快速地解决了终端出厂的问题，提高了设计的效率。接下来，我们希望这个系统能与后端的专业拆单系统实现无缝对接，进一步提升出单效率。目前我们还在合作初期，仍未正式推广。我们参观了与三维家合作的工厂，真正实现了从前端到后端的打通，效率大大提升，非常震撼。我们也试用了新的软件，出图效率及渲染效果图都非常迅速。我们希望可以通过三维家，提升终端出图效率。此外，金牌将可以借助三维家在行业摸索的经历，重构线下的营销系统。"

我乐厨柜技术及培训中心总监毕长虎讲："我乐使用了两套软件分别解决前端及后端的痛点。软件可以出效果图及快速报价。前端我们使用三维家的软件系统，这套软件能从空间、比例、色彩等方面真实还原搭配效果，消费者可以提前感受到产品的效果，带来了更好的消费体验。"

城市之窗营销总监汤敏说："我们选择与三维家合作，过去我们使用的是前端的设计软件，后来这个系统打通了前后端，前端设计形成的方案直接通过云平台传送到工厂的技术端，技术端把方案分成各个设备的加工代码。我们节省了大量的拆单人力，效率提升了很多。"

欧派衣柜销售发展部总监陆宗勇讲："欧派投入了大量的资金打造信息化系统。通过下单软件，确定好的效果图可以以 CAD 等形式传到下单系统。我们使用三维家的软件，大大提升了图纸的真实性，也增强了客户的黏性。此外，新软件画图很快，提高了设计师出图的效率，签单的命中率也更高。"

据三维家 CEO 蔡志森说："欧派、百得胜、志邦等定制企业在 2018 年实现前后端的真正打通。"蔡志森表示，中国的家电行业、手机行业经过多年的发展都具备了国际竞争力，而且纷纷出海，走向国际市场。定制行业作为中国原生的、极具中国特色的产业，未来随着产业的成熟、商业智能化的发展，在中国"一带一路"的国家大战略下，也一定能走出国门，走向世界！

第七章　入口之争，如何催化商业模式变革

一、拥有客户入口就拥有话语权

房产商利用自己的客户池优势，想让自己控制家居市场的入口。

家装公司利用自己对客户把握的优势，想控制家居市场的入口。

传统定制企业向全屋定制进行延伸，以实现控制家居市场的入口。

入口之争的背后，其实就是资源之争。资源之争会直接催化定制家居行业的商业模式升级与重构。

以广州市场为例，中国一线城市的新建住宅的装修情况与装修房源如图 7-1、7-2 所示。

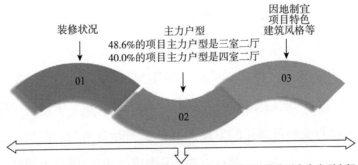

超过九成新推的住宅商品房是精装房，房地产开发商和装修公司率先尝到市场大蛋糕。家居定制企业一方面要争取同房地产龙头企业形成战略合作联盟；另一方面，社区和楼盘推广要有针对性，抓住顾客的"胃口"。

图 7-1　广州市场新建住宅装修与户型状况

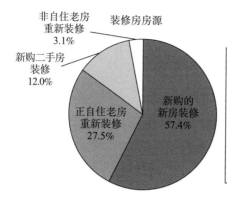

2017年广州楼市受到政策影响，成交量的持续走低，而近6成的装修来源是新房装修，可能会导致家居定制市场低迷。

广州二手房价格驶入快车道，业主高位出货意愿强。调查数据显示，近3成的装修来源是老房装修。广州中心五区15年以上的旧楼盘货量较大，是家居定制企业争夺的重要市场份额。

图 7 - 2　广州市场装修房房源分布

通过上面的数据来看，在中国的大城市中精装房的比例高得惊人，这就回答了现在大家关心的问题：为什么现在终端自然客流量越来越少了。我想说的一句话是：行业格局变了。

其实整个定制家居市场是在增长的，只是客户分流越来越严重，这对依靠传统销售模式的品牌来说是个挑战，特别是现在起步的品牌。

定制行业下半场的客户流量入口之争是已经发生的事实。房产企业控制自己的客户池，家装企业在消化自己的客户源，产品企业在升级服务前置触点在不停地上演。原来的合作关系变成竞争关系，原来的竞争关系也可能变成合作关系。

整体来说，行业大整合是不争的事实，这个大整合并不是让大家没饭吃，而是要重新进行分工洗牌。掌握入口的人成为服务提供商，掌握产品的人成为服务落地商。

以下4种情形，大家自己对号入座：

● 自己有产品，自己有渠道，自己有入口自己玩；

- 自己有产品，自己有渠道，借别人入口和别人一起玩；
- 自己有产品，自己没渠道，借别人渠道跟着玩；
- 自己没产品，自己没渠道，花自己的钱和时间慢慢玩。

二、行业大品牌商业模式分析

欧派、索菲亚、尚品宅配，是伴随着定制家居行业整体节奏发展起来的第一批成功品牌。

他们的成功既是企业家自身的奋斗结果，也是企业发展基因使然，更是遇到了行业大发展的时机。后进品牌或跨界品牌不能完全参照他们的成功路径，归结于一句话："走别人的单行道，你再有雄心也没有超越的机会。"

那么，后进品牌或跨界品牌成功的赛道在哪里？先要读懂已经成功企业的商业模式基因，再寻找适合自身的企业成功基因。

下面我们把当前已经成功或在成功路上的定制家居品牌的主要运营表现做简要分析，以供行业人士做决策参考。

1. 欧派

第一，如图 7-3 所示，欧派现有四大主营业务，橱柜龙头地位稳固，衣柜规模市场第二，涵盖卫浴、木门等品类。2016 年橱柜实现营业收入 43.7 亿元，同比增长 13.5%；衣柜收入为 20.2 亿元，同比增长 50.7%；卫浴、木门业务分别增长 60%、75%，共计营业收入 4.5 亿元，对主营业务贡献比例为 6.6%。2017 年年度业绩预增公告披露，销售额（含税）预计在 113 亿元左右，同比增长 35% 左右，成为家居行业首家营业收入跨越百亿的公司。其中，2017 年前三季度，欧派橱柜业务收入达到 39.87 亿元，占总营业收入的比重达到 57.76%，橱柜市场份额占比超过金牌、志邦等欧派橱柜后五名橱柜生产企业之和；衣柜业务营业收入已超 21 亿元，占总营业收入的比重达到 30.94%，营业收入规模仅次于索菲亚。整体橱柜业务和整体衣柜占欧派总营业收入的 90% 以上，是欧派营业收入的主要来源。同时，欧派的整体卫浴和木门业务也已起航，并连年增长，成为公司新的营业增长点。

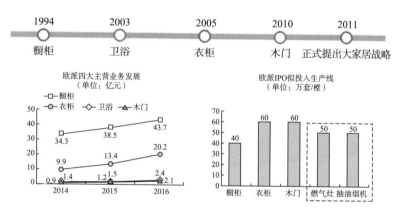

图 7-3　欧派发展节点与主要业务板块

第二，2016 年欧派上市，拟投入 16.6 亿元用于产能扩张。其中规划新建年产 50 万套抽油烟机、50 万套燃气灶生产线。欧派用实际行动跨界，大家居战略加速推进。

如图 7-4 所示，欧派家居在国内营销网点共 4729 家（包含直营），其中经销橱柜店面 2088 家，衣柜 1394 家，卫浴、木门、墙纸分别为353家、579家、297家，均离2854个"县级行政区"有很大差距（门店数量超过此"红线"发展会遇到一定的瓶颈），未来3年欧派计划继续开1500家门店（欧铂丽1200家、全屋定制MALL 300家）。另外，红星·美凯龙增资入股欧派成为股东，双方形成战略联盟关系。截至2016年年底，国内欧派家居专卖店在红星·美凯龙开设331家，占比高达7%。也就是说，每个红星·美凯龙大卖场有2~3欧派专卖店。与此同时，欧派家居初步实现全球性营销网点布局，截至2016年年底在48个国家或地区开设品牌形象店55家、非品牌店36家，共计91家店面，主要集中在东南亚和南亚等发展中国家。

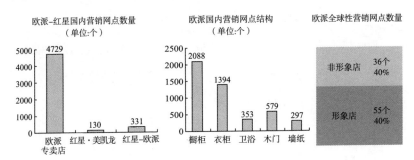

图7-4 欧派营销网点与结构

如图7-5所示，欧派家居"三马（大家居、信息化、欧铂丽）一车（终端优化）"战略在稳步推进。公司重点打造的第二品牌欧铂丽，是定位于年轻消费群体的中端品牌，成为公司新的业绩增长点。另外，推出股权激励计划，覆盖中高层895人约3.2亿元，解锁条件与公司业绩挂钩，按照该计划欧派家居将在2017年突破100亿元营业收入。

推动业绩飞快增长：双品牌战略+股权激励计划

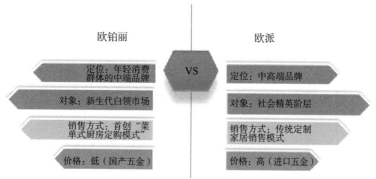

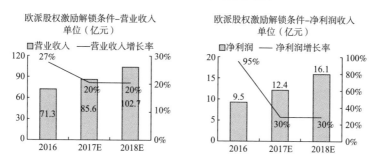

图 7-5 欧派双品牌战略与股权激励计划

2. 索菲亚

第一，如图 7-6 所示，索菲亚"大家局战略"首见成效，年度营业收入业绩全面增长：索菲亚以定制家居为核心，司米定制橱柜、米兰纳及华鹤定制木门、家具家品的销售持续做出贡献。2016 年定制衣柜收入 39.3 亿元，占比最高达 87%，司米橱柜营业收入 4.1 亿元，同比增长 356%。2017 年实现总营业收入 61.62 亿元，同比增长 36%，净利润 9.06 亿元。其中，索菲亚定制家居（含 OEM 家具家品）的收入为 54.88 亿元，同比增速 31%；司米橱柜的收入为 5.95 亿元，同比增长 43%；4 月份索菲亚与华鹤合资成立公司，生产与销售米兰纳及华鹤定制木门，5 月份开始运营，实现收入 0.99 亿元。相比欧派橱柜的市场规模，司米橱柜仍有巨大发展空间，目前司米橱柜和米兰纳木门已经成为新的营业增长点。

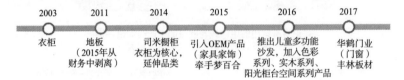

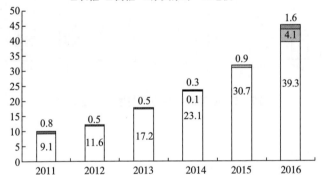

图 7-6　索菲亚发展节点与历年业绩

第二，索菲亚以资本为纽带，一方面，巩固与丰林集团的合作关系，支持上游供应商完成产能布局；另一方面，通过本次投资帮助公司分享上游产业因定制家居行业成长带来的收益，为索菲亚谋取更多的投资回报。

第三，随着各公司全品类大家居战略的深化，衣柜、橱柜等品类划分界限会越发模糊。"衣橱一体"已成定局，现在企业开始向电视柜、书柜等其他柜体延伸，甚至有的已经踏上融合"成品"的征途。

如图 7-7 所示，索菲亚通过河北廊坊、浙江嘉善、四川成都、湖北黄冈与广州增城五大全屋定制生产基地，实现了华东、华南、西部、华北、华中的全国性布局。另外，索菲亚牵手河南恒大合资建厂，锁定精装房、拎包入住的市场，直接打通了上下游关系进而拦截客源。而司米橱柜基于产业链、采购成本、运输成本、管理半径等角度考虑，生产基地先布局华南区域，然后向华中区域迈进以撬动全国市场。新成立的索菲亚华鹤木业的工厂选址远离市场，但实木等资源极为丰富，降低了材料成本。

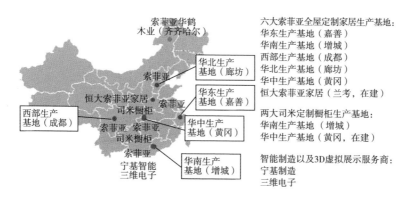

图 7-7 索菲亚生产基地布局

2012 年开始，公司对部分骨干实施股权激励，激励对象为公司高级管理人员（不含控股股东）、中层管理人员及核心业务（技术）人员，共计 124 人。到 2018 年，索菲亚完成了 2000 多名员工持股计划和重要经销商持股。

在体验创新方面，2016 年开始在各个门店推进 3D 数字展厅、VR 虚拟现实眼镜、全息立体幻影成像展示。不断发展的技术也让消费者在购买过程中有更加身临其境的感觉，做好最佳最适合的选择。如图 7-8 所示。

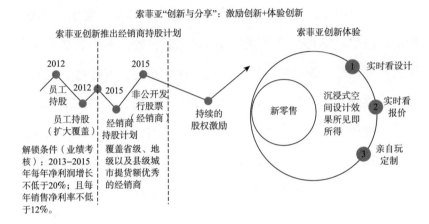

图 7-8　索菲亚的激励创新与体验创新

3. 尚品宅配

如图 7-9 所示，尚品宅配业务体系如下：

第一，尚品宅配起步于家居设计软件，立足于 O2O 模式。与索菲亚、欧派等从衣柜或橱柜等单品起家的企业不同，尚品宅配从开始就涉足全屋定制，产品品类更加丰富。2016 年除衣柜、橱柜以外的全屋家具销售占比达 60%。

第二，在生产端，采用柔性化生产定制家居（自产），沙发、床垫、饰品等配套产品，货源从顾家家居等企业采购。在销售端，以独特的直营模式和 O2O 线上导流推动业绩增长。上市后尚品宅

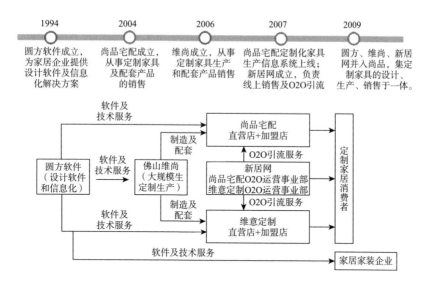

图7-9 尚品宅配发展节点与业务体系

配拟投入4.39亿元用于互联网O2O推广平台和营销网络建设。

第三，双品牌良性竞争、协同发展。尚品宅配和维意定制是公司旗下两个定制家居品牌，在产品配色、风格体系等方面各有特色，同步并行抢占市场。2017年尚品宅配和维意定制品牌借助上市契机，加大品牌宣传及营销力度，促进了终端消费者成交。

如图7-10所示，2016年实现营业收入40.26亿元，净利润2.56亿元。其中，定制家居产品收入占82%，配套家居产品收入占15%。对于从线上导流到加盟店后成交的订单，尚品宅配收取8%~12%的O2O引流服务费，此业务2016年营业收入0.6亿元，仅占营业收入总额1%。但2016年因O2O引流的终端交易额达22亿元（自营交易额14亿元、加盟商交易额8亿元），对应公司销售收入18亿元。由此可见，尚品宅配近半业务来源于网上引流。除新居网外，尚品宅配的网络引流体系还包括微信公众号、

360 和 BAT 等互联网巨头。与传统线下定制家居企业欧派、索菲亚等相比，尚品宅配线上线下一体化更像是新零售模式，2017 年实现营业收入 53.23 亿元，同比增长 32%，净利润 3.66 亿元，同比增长 43.24%。

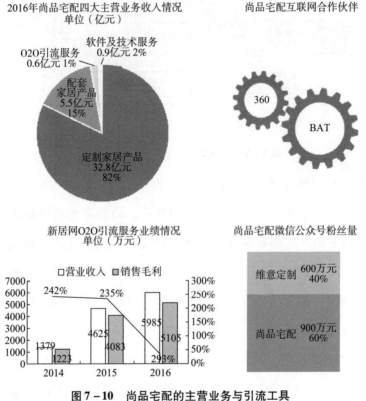

图 7 - 10　尚品宅配的主营业务与引流工具

如图 7 - 11 所示，尚品宅配业务模式构成如下：

第一，在销售渠道上，大部分定制家居企业采取经销为主、直营为辅的模式，而尚品宅配采取独特的直营策略，直营店数量和收入占比远高于同行业水平。尚品宅配稳步推进直营门店布局，计划在 2017 年和 2018 年新建直营店 40 家，其中 10 家旗舰店、30 家标准店。

第二，尚品宅配的直营店主要开设在一线及重点城市，拥有渠道资源、运营效率和毛利高等优势，直营店的单店收入是加盟店的 10 倍左右。

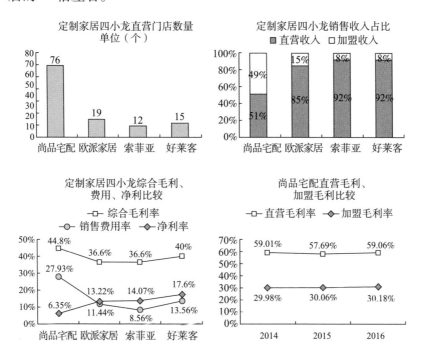

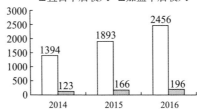

图 7–11 尚品宅配业务模式构成

第三，大量开拓直营店也带来了较高的销售费用（人力成本50%、广告费用19%、门店成本12%、运输成本9%、其他10%），使得尚品宅配的销售费用率较高，净利率只有同行业的一半左右。

第四，随着直营战略布局初步完成，尚品宅配在稳固直营渠道的同时，将重点增加加盟店数量。截至2017年12月月底，尚品宅配加盟店总数已达1557家（含装修店面），相比2016年12月月底净增了476家。

4. 百得胜

如图7-12所示，百得胜依托资本平台，跨界融合，开启小家居"轻资产运营、低成本扩张"战略，证实了通过"控股"的方式实现拓展的可能性。小家居是相对大家居而言，小家居的核心战略是：动车组脑洞。

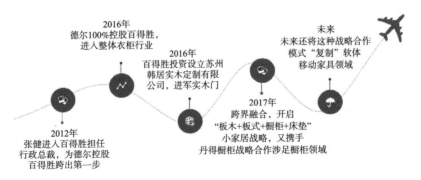

图7-12　百得胜发展节点

如图7-13所示，在产能方面，百得胜在全国将形成广州、苏州、成都、天津和沈阳五大工厂的布局，解决运输和效率问题，形成规模和效应，这与欧派、索菲亚全国产能布局一致。在产品方面，注重全屋定制风格，产品差异化路线，陆续推出印象系列和风情系列新中式产品。印象系列主要以汉族的地域进行区分，对当地居民建筑和服饰特点进行提炼，对色彩、元素、比例进行系统梳理；风情系列则主要对少数民族的地域和民居民宿的文化进行元素提炼。

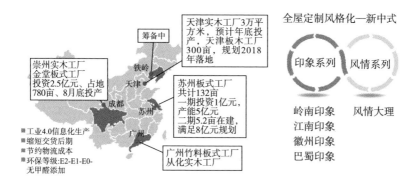

图 7-13　百得胜生产工厂布局与产品风格

5. 兔宝宝

如图 7-14 所示，板材品牌兔宝宝向下游产业链定制家居延伸，发展除板材外的地板、木门、集成家具等业务。2015 年家具业务营业收入 2.03 亿元，占销售总额 12.3%。2016 年家具业务营业收入 2.97 亿元，占销售总额 11.1%。家具业务增长 46%，相比整体业务增长 62% 仍有较大差距，但也要看到家具业务，尤其是定制家居业务的巨大潜力。

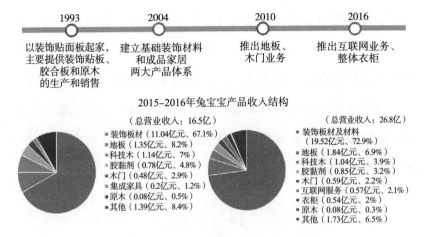

图 7-14　兔宝宝发展节点与产品收入构成

6. 大自然家居

如图 7-15 所示，大自然地板门店数量远超目前我国县级行政区数量（红线 2854 个），业务发展遇到发展瓶颈，甚至从 2010-2012 年连续三年发生业绩下滑。2011 年开始推出橱衣柜等定制家居，然而管理层用成品思维（地板）去运营定制家居，也导致了 2012 年业绩下滑 39% 。

大自然家居喜欢选择海外大牌合作，2014-2015 年向外投资负盈利，2016 年门窗、橱衣柜、壁纸营业收入仅 0.85 亿元（3.7%），对大自然家居的整体营业收入暂无明显带动。

2011-2016年大自然家居各业务门店数量变化
（单位：个）

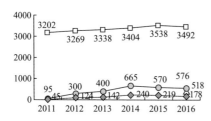

2010-2016年大自然居营业收入及净利润情况
（单位：亿元）

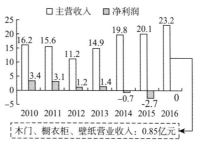

图7-15　大自然家居发展节点与门店数量

7. 大信

2016年大信家居年产值近10亿元（顶固7.3亿元、我乐6.8亿元、皮阿诺6.3亿元），平均单人产出200万元（诸如欧派、金牌、皮阿诺等单人产出约50万元），在中国橱柜行业出货量稳居第二。目前，绝大部分全国性品牌都将自身定位锁在中高端市场，在"敌强我弱"的情况下，大信家居撤退"主战场"，采用"农村包围城市"策略快速占领中低端市场份额。其实，在2016年欧派家居宣布二胎宝宝"欧铂丽"诞生，定位于年轻群体、中端市场，实有异曲同工之妙。如图7-16所示。

图7-16　中国家居市场结构分布

80%以上的定制家居采取了"大量个性定制＋部分标准化"生产的模式，高度个性化产品导致终端的高价格。如何在下半场比赛中胜出？大信模式如图7-17所示，给出了很好的方向指引：差异化经营模式，从用户需求为导向，解决痛点和难点……

订单生产模式：
1）按"单"生产，"定制"柔性化生产，"部分"标准化生产
2）具体操作：在生产之前进行"审图""报价""拆单"
3）优势：方案灵活、注重个性化体验（吻合中高端定位）
4）缺点：容易出错、库存周转相对较慢、交货周期10~20天、成本偏高

库存化生产模式：
1）仓库作为运转核心，为库存而非订单生产
2）具体操作：终端下单只要勾选所需的标准单元柜，像堆积木一样组合一个户型的所有柜子。即以"标准柜"来应对各种复杂的户型
3）优势：出错率低、库存周转快、7天交货、成本低
4）缺点：个性化表现偏弱（吻合中低端定位）
5）复制条件：大量的终端店面为基础，研究标准柜和建库存；建立的管理能力；拥有强大的ERP信息处理系统

订单生产流程图

下单　审图　报价

发货　生产　拆单

大信息仓库流程图

图 7 -17　大信的生产模式

8. 迪信

2016年迪信不到700名员工，80个经销商，家具销售额（工厂价）2亿元左右。它由过往简单销售模式转型成为集家具销售、家装4.0、家居策划的专卖店服务体系，如图7-18所示。以免费设计为服务，掌控核心入口，用装修转移消费者对家具的价格和尺寸关注，实现常规成品家具不知不觉地融入全屋定制。

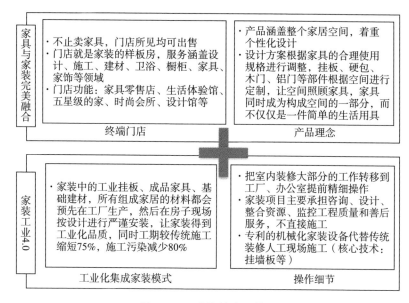

家具与家装完美融合	·不止卖家具，门店所见均可出售 ·门店就是家装的样板房，服务涵盖设计、施工、建材、卫浴、橱柜、家具、家饰等领域 ·门店功能：家具零售店、生活体验馆、五星级的家、时尚会所、设计馆等	·产品涵盖整个家居空间，着重个性化设计 ·设计方案根据家具的合理使用规格进行调整，挂板、硬包、木门、铝门等部件根据空间进行定制，让空间照顾家具，家具同时成为构成空间的一部分，而不仅仅是一件简单的生活用具
	终端门店	产品理念
家装工业4.0	·家装中的工业挂板、成品家具、基础建材，所有组成家居的材料都会预先在工厂生产，然后在房子现场按设计进行严谨安装，让家装得到工业化品质，同时工期较传统施工缩短75%，施工污染减少80%	·把室内装修大部分的工作转移到工厂、办公室提前精细操作 ·家装项目主要承担咨询、设计、整合资源、监控工程质量和善后服务，不直接施工 ·专利的机械化家装设备代替传统装修人工现场施工（核心技术：挂墙板等）
	工业化集成家装模式	操作细节

图 7-18 迪信的商业模式

迪信专卖店也是进驻传统家居卖场，但迪信优势在于每个专卖店都是家装的样板房，家装卖得好，家具也就卖得好。

迪信定位高端、注重设计，主要通过微信平台、电视媒体及沙龙讲座推广。

9. 曲美

如图 7-19 所示，2017 年上半年，曲美家居持续推进"新曲美"战略落地升级，从新产品、新模式、新价值三个维度优化产品与服务，实现由单一家具制造商向整体解决方案提供商转型，由制造品牌向商业品牌转型。

新产品	新模式	新价值
·关于产品研发:巩固现代北欧风格品类优势，补充其他风格系列 ·"居+生活馆"宜居系列产品开发：全品类成品系列、定制系列、儿童系列、软装系列、实木新系列、定制新系列	·完善OAO设计服务模式的导入，90%店面导入设计服务体系 ·采用CRM平台完善终端店面数据管理，有效提升市场运营效率 ·专卖店共810家："你+生活馆"开店数量稳步提升共28家；店面面积平均超1000平方米的大店188家D8定制服务的专卖店330家	·2017年上半年"以旧换新"活动在320多个城市同步进行，打响品牌美誉度

图7-19　曲美家居战略的三个维度

10. 宜和宜美

如图7-20所示，宜和宜美的全国供应链体系包括以下几点：

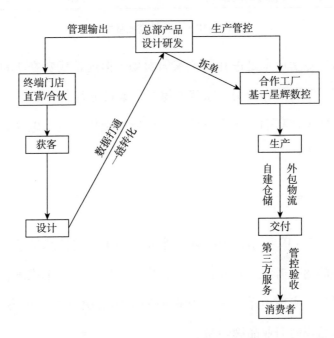

图7-20　宜和宜美的全国供应链体系

第一，宜和宜美产品包括成品家具和定制家居。成品家具与尺寸弱相关，在供应链上可以做计划管理和库存。对于弱品牌属性的品类，以 OEM 的方式生产。对于沙发、床垫等强品牌属性的品类，宜和宜美则采取联合出品的方式。

第二，以柜类为主体的定制家居，对于供应链的大规模柔性化生产能力、信息化水平和协同能力有更高的要求。与欧派、索菲亚自建工厂模式不同，宜和宜美基于统一的星辉数控设备及软件，整合各地中小工厂的定制家居生产线。目前，宜和宜美只选择了其中 70 多家合作，凡是门店半径圈 150 公里内都有合作工厂，交货期在 20 天左右，大大降低了各环节物流成本。

第三，复制条件：全国范围内有 1000 多家工厂使用星辉数控设备及软件。与星辉数控紧密合作，具备数量众多、区域分布广泛及系统协同性强的产能资源。

如图 7－21 所示，宜和宜美的城市运营模式包括以下 2 个要点：

第一，在产品上，宜和宜美的全屋软装套餐模式具备创新性，基于数据分析指导产品研发的思路具备想象空间。在供应链上，与星辉数控紧密关联，具备数量众多、区域分布广泛及系统协同性强的合作工厂资源；获客方面，作为互联网品牌，线上获客占比近 40%，硬装和地产公司等 2B 渠道是重要补充；从单店效率来看，城市运营商模式下，终端效能发挥不如预期；从规模来看，业务范围还限于少量二线城市。

第二，成立初期，由于品牌影响力有限，宜和宜美以城市合

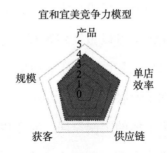

宜和宜美竞争力模型

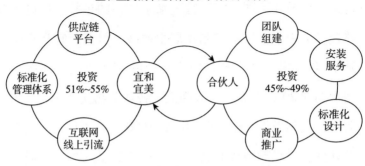

宜和宜美城市运营商模式（分公司制）

图 7–21　宜和宜美的竞争力与城市运营商模式

伙人模式打开局面，总部负责产品设计研发和供应链输出，对分公司控股，城市运营商负责获客、转化和交付。但这种模式与理想经济模型还有差距。在未来扩张方式上，有可能改变城市合伙人模式，改为直营或加盟。

11. 乐宜嘉

如图 7–22、7–23、7–24 所示，乐宜嘉构建以家装、家居产品和服务为一体的完整家居生态系统。

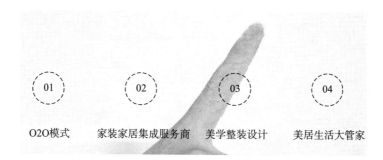

图 7－22 乐宜嘉的家居生态系统

图 7－23 乐宜嘉的业务模式

图 7－24 乐宜嘉的一站式家居解决方案

三、定制家居商业模式四要素

以上成功模式大多数是基于定制家居行业原有的市场格局、行业格局、渠道格局应运而生的产物。

工欲善其事，必先利其器。共享单车项目早就有，一些地方政府和创业公司都搞过，但都没有成功。这并不是商业模式有问题，而是当时没有小额支付工具，如微信支付，支付环节特别烦琐，要到指定地点去办卡缴费，导致商业模式无法落地和普及。微信支付工具普及后，共享单车项目如虎添翼，迅速诞生了如OfO、摩拜等未来独角兽公司。

同理，现在发生的家居入口之争，也是伴随着像三维家这样的前后端工具软件企业的出现而出现的。它打开了前端场景生态和后端"智造"生态的入口，将需求链、服务链、供应链有效连接，提升网络协同性，让房地产公司、装修公司、定制家居企业如虎添翼，三者之间以前泾渭分明、井水不犯河水的关系，变成互相跨界渗透的入口争夺之战。

由于产业跨界引发的入口争夺战，由入口争夺进一步诱发定制家居领域的商业模式升级或重构。商业模式的概念很广，不同领域有不同的诠释。这里，我们针对定制家居的商业模式核心，侧重于四个方面：即产品模式、盈利模式、销售模式与运营模式。

1. 产品模式

不少企业家在介入定制时对商业模式思考甚少，或只是在产品模式上进行思考。笔者做咨询过程中，有不少后进品牌或跨界品牌的企业家在做战略决策的时候，特别是外行业对本行业不太了解的企业家，就产品模式经常会问笔者这样一个问题："我能不能按照欧派或索菲亚的产品体系进行跟进，然后在市场细分或价格区间上做文章？"在这里，大家可能忽略了一个问题：这些大企业的成功产品模式只是其中一个因素，甚至于它们的产品模式只是基于品牌优势或渠道优势基础上延伸的产物。盲目跟风其实就是没有充分考虑到这一点。当然，这也和企业的产品研发系统与实力欠缺有关。

如果非要在产品模式上突破，那么从产品开始就要考虑消费群细分、市场细分，做大企业不愿意做、不屑于做的品类。

这里有人会问：做这么小众的细分，不是很难做大吗？我们投入这么多，定制的发展规划这么宏伟，不是有悖于企业的初衷吗？

在这里，笔者想表达的一个观点是：细分切入，立足后再延伸。这也是众多创业企业或创新企业进行一个新领域常用策略。当你在细分领域有了自己的行业地位以后，就会延伸出相应的渠道资源、客户资源、品牌资源，在此前提下才有可能拿到一张进入定制家居行业的有效门票。

关于盈利模式，定制行业从当初的靠卖板材、卖柜体、卖家具到现在慢慢发展起来的卖空间，其实是这个行业发展的自然而然的演变过程。

2. 盈利模式

盈利模式的设计，要考虑企业自身的基因。房地产企业在向定制家居进行延伸的时候，更多的是将定制家居整合进精装房或者菜单式套餐里面，其盈利主要体现在房子销售的利润空间，当然也有地产商利用客户池优势将定制家居的盈利模式独立出来的。

家装公司主要是利用自身在设计环节对业主的掌握，将定制家居品类进行整合。也就是说，它更多的是利用本身的服务角色进行延伸，把原来靠增项盈利的项目变成免费项目，从而让定制家居的产品作为盈利载体。

有实力的大定制企业在原来产品载体的基础上，考虑到自身的入口资源劣势与产品利润，会向服务端与关联性产品进行延伸。比如，欧派提出"一家搞定"的大家居模式其实就是这种战略尝试。从 2017 年以来，定制企业对相关品类进行的兼并与收购也是基于这种商业模式的升级。

3. 销售模式

销售模式是目前后进或跨界品牌在战术落地的时候最容易出现瓶颈的地方，因为传统优势渠道基本被优势的品牌掌握甚至是垄断。传统的销售模式基本上是以一城多店的布局，再配合常规的销售推广模式进行营销。随着行业优势渠道资源越来越稀缺，没有强大资本介入基本上难以突破。因此，后进或跨界品牌必须从销售模式上进行创新以弥补这种先天的不足。

目前创新的销售模式主要是一城一店销售模式。其实，这是针对自然客流被日益分化，终端门店的战略作用重心发生转移而产生的。原来的门店更多的是承担了销售的功能，将来则更多的是承担体验与服务功能，销售功能将被分割到渠道运营上面。

4. 运营模式

运营模式是商业模式能否有效运营的发动机。

对于以加盟连锁为核心运营模式的企业来说，最核心的三项能力是产品输出、管理输出、品牌输出。产品输出是源点也是经营的根基；管理输出是考验企业对渠道的掌控能力与提升能力；品牌输出则决定企业在市场的话语权与地位。

在家居行业，特别是定制行业，营销的本质是管理，而管理的本质是系统，强大的系统造就强大的营销。诸多企业在硬件的系统（门店、IT 系统等）投入了巨大的人力、物力，但往往会忽略另一个巨大的系统建设：运营系统。运营系统是决定企业这辆车往哪跑、能跑多快的问题。

"三粒米"多年立足于家居行业的企业与终端营销实践，针对企业在连锁管理过程中 9 个核心领域进行深入研究（体系、团队、渠道、终端、教育、样板、推广、机制、执行），并总结出一套独特的方法论与工具，帮助很多企业解决了营销运营系统问题，实现市场业绩的可持续增长。归纳起来，商业模式升级或重构思路见表 7 - 1，以供行业同仁参考！

表 7 - 1　家具行业商业模式升级或重构方向与要点

企业属性	商业模式方向	成功关键点
传统定制家居企业	1. 由单一品类延伸为全屋的多品类；后端整合家装服务或前端整合软装服务增加客户黏性 2. 专注于单一品类深度经营，成为优质的产品供应商 3. 产品跟随市场贴身变化，为大宗客户做专业定制	1. 全屋品类要由采购模式转向股份控制模式 2. 单一品类要有强大的大宗定制研发能力

续表

企业属性	商业模式方向	成功关键点
房地产企业	1. 直接在内部成立定制生产系统进行内部产品供应 2. 通过股权投资整合相关的产品企业进行战略联营 3. 自己控制整套服务流程，整合相关产品企业、服务企业进行产品供应与服务供应	1. 对家装的系统化解决方案有强大的运营能力 2. 在资本运作、股权投资、企业管控方面有强大的运营能力
家装企业	1. 专注做好原来传统领域，对细分客户进行精准经营 2. 专注做好原来传统领域，成为关联企业（如开发商）战略服务商 3. 以原来传统服务领域为基础，整合定制家居产品品类进行产品盈利模式的延伸	1. 要有更专业的设计与服务能力 2. 要有与大的关联企业同级对接的能力与体系

第八章　新零售时代，如何重构定制行业

2018 年 2 月 3 日，腾讯爆出大新闻，不断加码新零售，分别牵手线下大品牌海澜之家和步步高。海澜之家（600398）发布公告，公司已与腾讯签订了《股份转让协议》，腾讯以 25 亿元的价格购入海澜之家约 5% 的股份。此外，双方一同设立 100 亿元的服饰产业投资基金。紧接着步步高（002251）发布公告，公司与腾讯签署了战略合作框架协议共同发展"智慧零售"。

2018 年 2 月 11 日，家居行业传出劲爆新闻，北京居然之家投资控股集团有限公司与阿里巴巴集团共同宣布达成新零售战略合作：阿里巴巴及关联投资方向居然之家投资 54.53 亿元人民币，持有其 15% 的股份。双方将运用各自优势，在家居领域开启新零售的全新时代。

根据协议，阿里巴巴将协助居然之家卖场的全面数字化升级，基于双方会员系统打通和商品数字化，实现消费者选建材、买家具的场景重构和体验升级。同时，双方将共同打造云装修平台，从装修设计、材料购买和施工管理全链重构家装行业模式。这将使正在中国蓬勃推进的新零售浪潮再汇入一股扎实的洪流。数据驱动再添新场景，业态创新再启新局面，家居行业商业基础设施再次全面升级。

这股新零售的浪潮起源于 2017 年，马云在云栖大会上提出"新零售、新制造、新金融、新技术、新资源"，在整个行业引起了巨大的轰动。他认为，"纯电商的时代很快将结束，纯零售的形式也将被打破，新零售将引领未来全新的商业模式"。2017 年也被定义为"新零售元年"。

随后阿里巴巴、腾讯都快速展开了新零售的跑马圈地运动。如图 8－1 所示，阿里巴巴不仅拥有被追捧为新零售标杆的盒马鲜

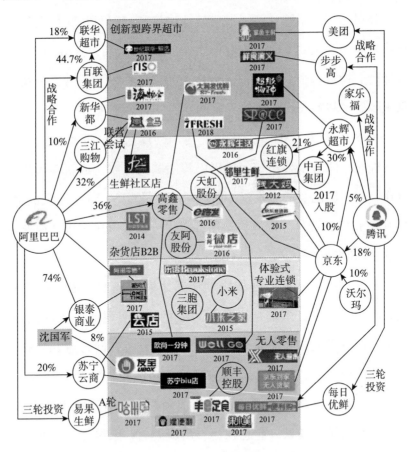

图 8－1　阿里 VS 腾讯的新零售布局图

生，还投资了百联、联华、新华都、高鑫零售等传统零售佼佼者，加上此前收购的银泰，投资的苏宁、三江购物，其线下盟友声势浩大。腾讯也不甘示弱，"撒币"上百亿，先后投资了永辉、万达、海澜之家，并与永辉联手签署了对家乐福中国的投资意向书，再到同步步高达成战略合作，我们能明显看到腾讯在线下实体零售布局中的"紧迫感"。

一、新零售是"真风口"

超级物种、盒马鲜生、缤果盒子、果小美、猩便利……新零售沸腾了一年，也有无数产品在各个城市纷纷落地，进入了大众的生活。2018 年，新零售大战只会愈演愈烈，巨头之间会进一步激烈厮杀，同时强控型连锁便利店或新型零售终端将会成为新型有效的消费者入口，"全渠道"或将逐渐取代"电商"，成为新零售落地的重要途径。

那么，汹涌而来的新零售会不会是"昙花一现"的"伪风口"呢？

新零售并不是一个伪需求，新零售越来越热是必然的。一方面，人民群众的生活需求越来越丰富、越来越有差异、越来越追求极致体验，并愿意付出溢价；另一方面，它是中国传统零售业态因过去粗放经营扩张，并且持续受到电商冲击导致业绩持续下滑所面临的必然转型升级。

实体零售围绕新零售概念展开创新实践，"超市 + 餐饮"和线上线下全渠道运营是其中创新的两个主要方向。同时，新型零售终端的出现也会为线下零售业态带来无限的想象空间，既为消费者创造新体验，也为品牌商建立了数据化的流量入口。所以，围绕新零售，无论对传统零售业还是初创公司，都有许多商业机会。

新零售最终是个效率的问题，AI会是新零售的核心能力。结合了AI，大数据等技术的新的物联网技术，将推动新零售渗透到更多的生活场景，线上线下会更有机地结合。消费将变得更加及时、更加方便，使得零售行业带来格局的变化，但新零售不会单独存在，它会融合到零售的大网络里，而零售仍然是需要精细运作的累活、苦活。

1. 新零售如何进化而来

小米是一个最生动的案例。小米在2014年达到一个销售高峰，之后开始进入调整阶段。也就是在这一年，阿里巴巴投资了苏宁，这是个重要的商业信号。想一想，一家电商巨头忽然有一天投了线下，肯定是电商出了问题，否则它干吗投线下？小米被当时的电商高歌猛进蒙蔽了，没有捕捉到这个信号。到了2015年，压力来了。在过去的两年中，小米销售相对低迷，因为渠道弱了，小米忽视了线下。所以，小米在2016年开始狂扑线下，全国布局线下小米之家。

2017年，小米之家已经开了两百余家，坪效超过蒂夫尼，仅次于苹果居世界第二位，成为新零售的代表之一。判断线下效率有一个指标，叫作坪效。就是一平方米能卖多少东西。小米做线下之前，世界第一名的坪效是苹果，一平方米一年做40万元的生意；第二名叫蒂夫尼，一平方米能卖20万元。在小米之前，达到这样坪效的，要么是暴利的科技产品，要么是真金白银。小米坪效是多少？每平方米27万元。

2. 得实体店者得天下

不管未来电商如何发展，实体店还是消费者最喜欢的。有数据显示，对于最有购买意愿的90后、95后，他们90%以上的消费是在实体店完成的。他们并不如我们想象得那样每天都在网上下订单，他们热爱社交，到了周末他们要去购物中心、KTV，他们有自己的生活。我们再想象一下，如果我们能把地球上的实体店都关掉，谁会第一个疯掉？对，女人！女性朋友们开心的时候会去逛街，不开心的时候更要去逛街。实体店是我们人类情感宣泄或情感连接的一个最重要场景。

星巴克从一个2.5亿美元市值的公司，已经发展成为一个900亿美元市值的公司，原因之一就是星巴克打造了一个第三空间，在家或和办公室之外的第三空间。如今，他们又在互联网上打造一个第四空间，这一切都是为了给实体店建立更好的消费场景。

3. 电商的三大软肋

第一，消费者体验并不好。做任何事情都要把消费者放在第一位。然而，很多商品品类，消费者通过电商购买的体验并不好。比如生鲜，到今天还是很难解决最后一公里的配送问题；服装，由于没有"试穿"这个重要的体验过程，导致线上服装的退货率在20%～25%，而传统的服装门店，退货率往往只有1%甚至更低；家居建材产品很难在线上完成产品的完整体验，线下的到店体验是消费者的刚需，线上无法取代。

第二，获客成本水涨船高。随着越来越多的人在网上争夺用户和流量，网络获客成本越来越高。当年淘宝刚起家时，每获取一个活跃交易用户的平均成本是2～3元，而现在很少低于100元。对于定制行业，一个电商的获客成本现在更是高达2000元以上。今天，很多电商的平均获客成本大约占营业收入的10%，而传统零售的房租也能够控制在10%以内。从这个角度说，电商的零店铺成本优势基本上已经没有了。

第三，物流成本居高不下。传统零售的物流是B2B，从门店到消费者家里，基本都是自提。但电商就一定要实现B2C的物流，平均成本自然高出一大截，并且这是一个刚性成本，无法压缩。现在人工、车辆、仓库的成本不断上升，导致电商的平均物流成本也要占将近营业额的10%。

电商的三个软肋摆在那儿，但传统零售也有硬伤。一是房租成本，租金不断上升；二是人工成本也在不断上升；三是一个传统零售门店能做多少营业额，是受覆盖商圈的人数、经营时长、店内陈列商品数这三个条件严格限制的。

正因为电商与传统零售都有各自的局限，新零售才会应运而生。

4. AI 人工智能技术催生新零售

每一次社会的进步变革，其底层逻辑都是由技术驱动的。有了蒸汽机，才有工业革命；有了电气，才有了流水线；有了电脑，才有了信息革命；有了移动互联网，才有了今天的移动互联的社会进步。AI（人工智能）正是继蒸汽机、电气、互联网之后第四个能改变人类命运的技术，是为每一个产业特别是零售赋能的基础设施。

零售行业是对技术触觉最灵敏的行业之一，会根据市场的变化而做出快速反应。从采用 POS 机、条形码、嵌入 RFID 等技术到电商热、O2O 模式重构，再到如今 AI 助力的新零售，零售行业一直善于将新技术运用于各类需求中。不过，无论零售业的概念如何改变，都离不开其实质，即让商家以更低成本获取更多的需求信息、更精确的分析需求信息、更快的反应需求信息，从而节省时间和成本，提高效率；让顾客消费需求更精准地被满足，买到性价比最高的东西，降低犯错的可能性。AI 也只有从零售行业本质入手，解决行业痛点，才能实现整个业态的变革。AI 能够赋予新零售精准的力量，从一个 everything store 进入 everyone store，为每一个活生生的消费者定制一个商店。

AI 首先在高频的消费场景（服装、手机、餐饮等）得以快速普及应用。之后，AI 会逐步渗透到低频行业，如家居建材行业。以三维家为代表的软件企业，用一张场景效果图链接人、货、场，重构整个消费场景，提升消费体验，提高运营效率。家居新零售下的人、货、场，以"人"为本，利用三维家设计＋、场景＋、生产＋及大数据等技术，将过去的"货架"变为"场景"，将过去的"陈列"变为"体验"，让消费场景无处不在，让消费互动更走心，让顾客所见即所得。

门店利用三维家 AI 智能设计软件，打开场景化的窗口，打造云端的"整装场景"，让顾客随时随地在线逛卖场、看样板间、自助选择家具产品颜色、款式，下单到工厂生产。基于三维家云端数据库信息互联，家具模型具备"身份认证"的属性，从设计到生产始终保持一致的产品数据，工厂利用三维家"智造"软件将定制化家具准确无误地生产出来，做到效果即结果、模型即产品，实现"场－人－货"的三维互通。未来以三维家为代表的软件企业所赋能的家居智慧门店，将来会成为新零售的典范！

二、如何定义新零售

现在新零售的定义有很多版本，莫衷一是。其实对于新鲜事物，这很正常。电商刚诞生、互联网＋刚诞生，也不知如何定义。只要新事物不断发展，自然会迭代进化，从混沌走向明朗。

最经典的定义之一，如图 8－2 所示，新零售的目的永远是围绕用户体验改善、成本（产品、库存）降低、效率（人效、坪效）提升。

天猫对新零售的定义是：AI 赋能新零售后，以数据驱动线下

图 8 - 2　新零售定义饼图

零售人（精准引流、识别、服务）、货（商品与人的精准匹配）、场（货品摆放、动线设计）的重构。

　　小米雷军对新零售的定义是：对于渠道而言，效率、体验、即得是新零售语境下的关键词。新零售就是"用互联网的效率回到线下"，让线下的体验性和即得性优势，插上效率的翅膀。

　　当我们对新零售定义不解时，回到零售业的本质，左边是商品或服务，右边永远是顾客。当我们迷惑不解、无法创新的时候，要回到零售的本质。竞争的本质是成本和效率，零售的本质是商品和顾客。

三、"四个起来"和"四个在线"

做好新零售，要做好"四个起来"和"四个在线"。

1. 消费者体验拉起来

怎么拉起来？能不能试吃？能不能试穿？化妆品能不能试

用？一些新零售的代表企业，比如盒马鲜生让顾客在店内试吃龙虾、帝王蟹；孩子王在店内辟出 1/3 的面积让孩子们来试玩玩具；服装店让顾客试穿，甚至提供上门试穿的机会；全家便利店打造包含有咖啡、鲜榨果汁、关东煮、精致盒饭等的食品角。只有体验拉起来了，消费者到店的频率才会更高，到店的逗留时间才会更长。

2. 电子会员体系建起来

传统零售有很多会员体系，一个口袋里拿出来很多卡，但这个卡都是死卡，这个会员就是"死会员"，对零售企业价值不大。所以，要把会员体系从传统零售企业的那张塑料卡片变成现在可以与消费者随时互动的电子会员，把简单的客流变成你的用户。比如刚刚提到的孩子王，已经实现了 100% 的电子会员化；全家便利店也实现了两级电子会员：普通会员和尊享会员。

3. 网络虚拟大店搭起来

传统零售的痛点是，门店面积小则产品不够丰富，门店面积大则房租成本就很高。

新零售企业如何解决？实体店小，虚拟店大！实体门店可能只有一两百个 SKU，但虚拟大店可能有成千上万个 SKU，将长尾产品（非爆款、不需要体验的）只放在虚拟大店中，并且只有电子会员才能够在虚拟大店中购买和消费。

4. 供应链电商化通起来

传统零售的供应链管理只是 IT 化，能实现自动补货，自动下订单。现在，供应链电商化通起来，就是让供应商用电商开店的方法来进入你的虚拟大店，彻底改变原来传统零售和供应商的博弈关系，变成一个共生共荣的关系。

为了实现"四个起来"，必须有"四个在线"保驾护航。四个在线是：员工在线第一，产品在线第二，客户在线第三，管理在线第四。很多企业容易把产品在线放在第一位，以为把商品往网上一挂就实现互联网、电商化了，后来发现商品挂上去了却没有人来。有的企业想的是，首先把电子会员（即客户在线）建起来，结果也不管用。

关键性的动作是员工在线要先做。因为员工是黏结客户和商品的关键性角色的扮演者。什么叫员工在线？就是通过互联网的方法，你能联系到你的员工，你的员工能联系到你的客户，你的员工能接触到你的商品。比如，非常优秀的新零售的标杆企业孩子王，每一个母婴顾问都已经在线。孩子王还给每位母婴顾问都配备了几千个商品的虚拟店铺，这相当于赋能了每位员工（相当于为每个人做了一个大号的微店）。同时，孩子王的母婴顾问打开手机就能看到几百个由他发展的电子会员客户。这相当于为员工打造了一个客户的 CRM 系统，替他管理好以前靠人工没有办法管理好的几百个客户。

管理在线，可以理解为是企业为每个员工赋能的服务在线。

比如，孩子王的"母婴的知识库百问百答"，让员工不再需要死记硬背这些知识。通过大数据为客户建模型，精准记住几百个客户的不同需求，并预测客户的孩子在下个月需要什么。

为什么说员工在线是第一位？因为新零售一个非常重要的标志，就是既能提升用户体验又能提高效率。而这些都是从员工在线开始的，其他三个在线可以理解为是赋能员工。

新零售的核心是让每个员工都是"海陆空"的总司令，而企业则通过产品管理、知识管理、客户管理等方法来赋能每个员工。

四、他山之石——新零售标杆案例

1. 7–11——产业路由器

7–11公司是日本零售业巨头，也是世界最大的连锁便利店集团，创立于1973年11月。7–11便利店可以达到平均人效120万元，商品毛利为90%，是新零售的标杆案例。

线下企业手头上最大的隐形资产就是线下流量，7–11亦是如此。7–11怎么获得线下流量的呢？线下店最重要的是位置。怎样获得最黄金的位置？让那些夫妻店带着黄金位置来找7–11。这些黄金位置即使是7–11的职业经理人去拓展也不一定能拿到的。

那么，这些夫妻店以前有黄金位置为何经营不好？是因为基因能力不够。没关系，7-11来给你赋能，教你怎么做更好、怎么做更高效。这样双方就形成合力，实现资源共享最大化。我共享了你的黄金位置，你共享了我的经营技术。

水还是夫妻店在卖，面包还是夫妻店在卖，但是你在我赋能的基础上，能教你如何经营商品、如何经营物流、如何经营好大数据、如何提高经营坪效……把一个单店所有的能力和技能做到极致，你的盈利效力就会远远高于其他的夫妻店、街边小店。这时候高出来的那部分利润，咱们两个收益分成。

它既不是零售商，也不是制造商，但它是一家制造型的零售商。它通过产业路由器把两万个夫妻店、178个工厂，还有140家物流中心直接连接起来。所以，它们不赚中间差价、不赚中间的通道费、不赚交易佣金，甚至不赚阿里巴巴卖流量的广告费。这家公司在市场上获得了巨大的成功。

7-11已不是一个商品公司，而是一个咨询培训公司，它的成本就是咨询培训能力。7-11用产业路由器和赋能逻辑，做成了收入100%增长而成本增长1%的指数级组织。

产业路由器模式把大量的碎片的存量团结起来，7-11是一个轻资产的公司，只雇佣了8000人，利用彻底的承包模式，没有自己的工厂，没有自己的物流中心。除了早期的501家自营店，没有其他的门店。

7-11给定制行业新零售的启示：如何成为产业路由器，把上下游的厂家团结起来，赋能上下游的厂家，通过共享、赋能实现共赢。目前尚品宅配的"整装云"就是要打造新零售时代的产业路由器，前端连接装修公司，后端连接各建材品牌供应商，通过流量赋能、设计赋能、供应链赋能实现共赢。

2. 名创优品——洞穿博弈关系

名创优品才成立 5 年时间，但已成为全球最大的生活百货零售商，在全球 56 个国家已开 3000 家店，每月有 80～100 家新门店开业。它还是全国利润第一的精品零售商，2017 年预计销售额 150 亿元，利润 10 亿元。名创优品当之无愧地成为新零售的标杆。

在名创优品，共享是信念，赋能是信仰。名创优品解决了整个产业链条三个重要节点——供应商、加盟商与消费者三者的所有痛点。对供应商有海量订单、30 天稳定结款；对加盟商有整店托管、每天营业额分成 38%；对消费者提供有品质设计感的超低价格产品。

第一，共享设计，赋能供应链。名创优品全部是自主设计，自己的设计师团队多少人？让人惊叹的只有 40 个人。怎么做到的？它采用共享设计师模式，专职设计师的主要责任是挑选和改造；兼职的设计师 400 多人，分布在全球 10 几个国家，遍及日本、美国、欧洲。具体方式就是，你有创意能力，上传作品到我设立的共享设计平台就好。然后，经过内部专门的设计师挑出合适的作品。如果工厂看上你的设计，打了板，进入销售了，卖的很不错，皆大欢喜，各自分钱就好了。这样，我就拥有了你的设计能力，但是我又不需要雇佣你。拥有，但不占有。

第二，共享物流，24 小时送货。物流这一块，名创优品在国内有七个物流仓，但都是合作共建的。名创优品承诺给物流商几千万的订单，然后物流商按照要求，建设相应的独立仓库、组织专属的仓储管理和配送团队，也不用担心物流商不好好干活。它是大客户，80% 的订单在它这里，提要求就可以，肯定跑得比谁都快。再说一遍，拥有而不占有。

第三，海量稳定订单，自动划拨到账的供应链管理。名创优品一个店面 SKU 控制在 3000 个以内，这 3000 个 SKU 只有 200 个供应商。给这些供应商海量稳定的订单，结算账期在 15 ~ 30 天，到了对供应商的付款时间，不需要层层审批签字，电脑自动划拨到账。这样就与供应商形成长期稳定的共赢合作关系。

第四，固定比例自动分钱的加盟商管理。名创优品的加盟商是投资商，只负责店面的铺租、人工、水电，其他产品、物流、IT、店面销售管理都由名创优品负责。加盟商不参与任何日常运营，投资权和店铺是加盟商的，货品、人员、系统和管理权是名创优品的。名创优品不管店面销售如何，不管是否有促销活动，固定把每天店面营业额的 38% 分给加盟商，保证加盟商赚钱。所有店面的营销推广费用，如买赠、开业、商场促销，都由名创优品承担，这种机制导致加盟商调动各种资源鼓励店面多做促销。加盟商可以对账、查账，欢迎加盟商现场监督。

名创优品对定制行业的启示：新零售洞穿的是厂家与经销商、供应商的博弈关系，把占压供应商资金、转移库存风险给经销商的传统零售博弈关系，变成共享、赋能、共赢的关系！

五、定制行业如何做好新零售

无论旧零售还是新零售，解决用户痛点，提升用户体验才是王道。

定制产品消费者还会存在哪些痛点和难点？

第一，看到的产品效果与家里实际安装的效果不符，店面展示的效果好，结果安装到家里完全没有感觉。

第二，计价方式模糊不清，橱柜有按米的、有按单元柜的，衣柜则有按展开面积的、有按投影面积的，还有软件生成的，究竟自己的全屋家具要花多少钱，客户不能马上得知。

第三，售后服务上，每家每户都承诺：终身质保、E0级板材。究竟能不能达到这个标准，业主不知道，也不能确定。

第四，增项产品或服务，既然市场上到处都是799、899、19800等诱惑力超强的价格，但是实际购买时，各种增项就来了，套路很深。

第五，不是定制家居吗？为什么还有标准柜一说？你说这个柜子做得更小反而还要加价，业主是决不答应的。

新零售首先在家居建材的全国连锁卖场引爆。居然之家率先在自己的卖场引入智能机器人。

2018年1月6日，优必选与居然之家在北京国家会议中心成功举办"雇佣两千机器人，打造智能新零售"上岗工作仪式，2150台优必选Cruzr机器人正式在居然之家百城千店上岗工作，这是人类历史上人工智能机器人第一次大规模地进入线下新零售。深圳市优必选科技有限公司创始人兼 CEO 周剑、北京居然之家投资控股集团有限公司董事长汪林朋等嘉宾出席了上岗工作仪式，与现场观众共同见证了这一历史性时刻。

对于人工智能机器人在新零售领域的应用与实践，优必选致力于提供完整的"机器人服务＋场景＋定制"的解决方案，帮助居然之家的线下实体店实现服务创新、体验创新和数据智能创新，共同打造智能新零售。

据介绍，进入居然之家服务的 Cruzr 机器人，不仅可以为顾客提供店铺位置引导、品牌信息介绍、商场服务介绍等导购和指引服务，同时还可以提供促销、会员卡自助办理等功能，缓解业务高峰期人力不足的压力，让消费者"想要就要，马上就要"，有效地提升了门店的服务效率。

而且 Cruzr 机器人采用类人形及全自由度的灵活双臂设计，可以像人一样自由移动，独特的语音交互、人脸识别等技术让顾客愿意主动与其进行交互，它能带给顾客不一样的消费体验。与人或其他设备最大的不同是，Cruzr 机器人可以主动收集、分析数据，将数据同步到云端，让数据帮助驱动决策，提高企业的竞争力，从而降低企业的运营成本。

对于新零售，定制行业领头羊索菲亚给出了自己的对策。索菲亚认为效率提升是新零售的根本价值，围绕这个根本价值，做好以下四项工作来应对新零售：

第一，流量为王：新零售最关键的问题是能够提升企业的运营效率。一是人效的提升；二是坪效的提升。索菲亚从模式设计、消费者体验、互联网技术、制造供应四个方面去提升企业的运营效率。这也是新零售出现的目的。

销量＝流量×转化率×客单价。首先要把流量做到最大，线下经销商开店无非开在人多的地方，就是为了流量。电商的定位也是为了引流，最终支撑终端渠道在当地的竞争力。转化率把来自电商的客户带到线下，线下有什么方法更好地承接电商流量，这是要思考的。

第二，价格更透明：以前定制行业终端及总部都不会把所有产品上线，因为价格不透明。现在企业走上了互联网渠道，第一件事情就是把价格透明化，给消费者确定性的保障，目的就是为了让消费者在购买或者选择产品品牌的时候，决策周期更短，提高效率。索菲亚针对客户的预算，做了很多产品套餐，目的是让消费者对产品、品牌有更深入的了解。

第三，品牌营销前置：现在的消费主力人群是80后、90后，索菲亚2018年做了一个策略性的调整——索菲亚把终端店面，从传统的建材家具卖场开到综合体商圈，再开到商超。在超市开店的逻辑：一是要把品牌大范围地推广；二是要提前跟客户接触；三是要加强客户对品牌的印象。客户喜欢去哪里，索菲亚就往哪里布局。以前去建材城购买家具可能要花一天时间，现在索菲亚在商场、超市开店，用户可以一边休闲娱乐，一边看家具，时间成本大大减少。在这种情况下，邀约客户的成功率非常高。

第四，紧贴互联网：运用互联网技术应用手段，接入阿里巴巴智慧门店系统，形成了智能客流、智能导购、智能支付、智能客服。在智慧客流方面，索菲亚跟阿里巴巴合作数据银行，把很多线下成交的会员数据与阿里巴巴数据做匹配，通过购买行为、购买特征等用户画像，更立体地去了解用户的生活方式，更精准地触达用户。

越来越多的年轻人经济变得独立，成为消费市场的核心，他们对整装的需求、互联网化产品的需求都将凸显出来。线上＋线下互联的新零售整装将符合大部分消费者的消费预期。

2016 年，国内家居行业市场规模已达 5 万亿元，互联网平台在家居行业的销售额仅为 1000 亿元。新零售模式与装修行业的结合势必引发一个更大的市场。

阿里巴巴旗下的"一只美元基金"将投资一家高端全屋家居 B2C 平台——BDHOME，这将会是家居行业最大的一笔 B 轮融资。马云投资 BDHOME 一方面说明他看中了这个行业的未来潜力；另一方面也说明整装行业是适合新零售模式的。那么，被投资的 BDHOME 有什么看点？

高端个性化路线：BDHOME 成立于 2013 年，总部位于上海，志在为中高端的业主提供全面系统的个性家装解决方案，核心业务包括全屋设计与全程落地服务、采购顾问等，全屋设计以设计效果全景无死角展示，产品所见即所得，预算 100% 控制为服务标准，全程落地服务涵盖采购总包及施工总包，以完美拎包入住为服务标准。除了提供服务，售卖家居产品也是其业务之一。

技术推动：在过去的 3 年里，BDHOME 完成了 5 万余件产品的 3D 模型制作，建成了中国最庞大的真实 3D 模型数据库，结合 3D 家装设计软件，让高效设计与效果呈现得以完美结合。其已与多家地产合作，利用 VR 技术为它们提供虚拟样板间技术支持。

系统化流程：辅材标准化，工艺标准化，监理标准化，施工图标准化，材料下单系统化，工程进度系统化，质量管理系统化，作业培训系统化，项目全程标准化作业。BDHOME 利用其强大的供应链和专业的团队资源推出了家装采购顾问服务。

地产方合作：与万科翡翠公园合作，个性化精装房交付新模式。也与世贸地产合作，启动全国范围样板间合作计划。

线上线下互联：除了在技术上烧钱，BDHOME 还花费 2 亿多元建立供应链，在上海已开设超 30 家的线下"家居美学社区中心"门店。

在 BDHOME 的所有特点中，有两点值得关注。一个是高端定位背后的利润；另一个是线上线下互联的新零售体系。这也许就是马云看好全屋整装的原因。

第九章 破局一线大市场

一、2017年，欧派突破12个亿

为这组数据惊讶、欢呼、质疑的背后，更是对定制家居终端市场运营策略的深深思考。

一个市场能过亿元大关，绝不是一个经销商单纯的运气与能力问题，而是一个企业的品牌、产品、渠道、资源、运营等综合作用的结果。

定制企业的经销商年销售额能过千万的屈指可数，大都还停留在内部问题不能有效处理，对市场更无暇顾及的阶段。在企业倾全力也不一定能做好一个战略市场的时候，有必要深思一下定制家居终端市场经营的哲学问题。

大市场对于众多的中小定制企业来说一直是个心结，这也是大企业与小企业之间最直接的一个渠道门槛。相比其他行业，对于定制行业的大企业来讲，大市场运营要达到的理想业绩也还在路上。

什么是大市场？这里定义的大市场主要包括特级城市、一二线城市。通俗地讲，就是北、上、广、深，各省会城市，以及各发达的地级城市。

对于企业来讲，在大市场的销售规模目标应该在 1 亿元左右，不然很难说达到了大市场运营的目的。

二、定制行业终端发生的5个革命性的变化

在移动互联网、精装房、消费升级的影响下，定制家居行业的终端营销环境也发生了革命性的变化。

1. 线上线下一体化

以前的销售只在门店实现，现在会超越空间、时间，利用与时俱进的通信工具与客户进行无缝沟通与对接。比如，线上的QQ、微信，线下的门店、实地拜访、电话等。

2. 虚拟现实一体化

到目前为止，消费者的体验基本上是以到店为主。但是到店存在两个核心的问题：一是消费者没有时间随时到店；二是到店体验的方案可能不够全面。随着软件技术与互联网同步技术的进步，消费者的虚拟体验越来越好，可以相互补充。

3. 营销前置化

传统的模式是消费者到店后才会有导购、服务等，但互联网改变了大家的消费行为，在事前都会通过互联网进行资讯检索与品牌价格咨询，所以在未见面之前的导购沟通与服务就非常重

要，直接决定顾客到店的概率。

4. 引流全渠道化

以前的客流量基本是以店面为主要渠道，现在则日益多元化，包括门店、家装、设计师、房产商、拎包入住商、社区老房零散业主、线上零售业主……

5. 购买的决策信息全面化

以前顾客在决定购买时，最多是问亲朋好友，然后到终端店面了解并决定意向，可现在整个过程发生了很大的变化，可通过搜索引擎、知乎、论坛、买家网上评论进行了解。

三、定制行业终端面临的新挑战

定制行业的终端不仅面对以上新营销模式变化，同时也面临着更加直接与赤裸的竞争环境。

1. 抢门店

由于传统优质卖场的资源越来越有限，以及大家对终端资源空前的重视，优质门店基本处于拼品牌地位、拼关系的疯抢状态。而大企业在大城市进行的大店布局与多店布局，对优质门店甚至开始战略垄断，为后进者或弱势品牌进一步制造竞争壁垒。

2. 抢渠道

现在终端卖场的自然客流日益减少，不是市场的客户在减少，而是客户被越来越上游的终端分流了。为了保证终端的销售份额，终端经销商不断地进行渠道渗透与延伸，这不仅是一种经营模式的升级，更是一种战略动作。以前松散型的渠道开拓模式开始受到挑战，战略合作、兼并收购等方式用于终端。

3. 抢份额

在行业发展的初期与中期，各品牌与各经销商只要做好自身的营销工作基本就可以了。但随着竞争越来越激烈，各品牌与经销商开始从渠道、客户层面进行战略性争夺，原来以经营为导向的营销模式开始向竞争为导向的模式转变。

由于定制家居行业的行业属性，老客户的口碑对终端的影响较大。所以，老客户池的规模与质量日益重要。为了进一步扩大品牌的客户池，在终端销售时，不仅要考虑到产品销售的利润目标，同时也要考虑到对不同客户群体抢夺的市场份额目标。市场份额越大，意味着品牌的老客户池越大，也就意味着产生口碑营销的机会越大。

4. 抢人才

营销的竞争其实是管理的竞争，而管理的竞争又是人才的竞争。定制家居行业近几年快速膨胀发展，人才缺失已经成为一个难题。一提到抢人才，大家最先想到的就是挖同行的人才。可整个行业都缺专业性强的人才，所以挖人并不是最根本的解决之道。

由于经销商经营的特殊性，自身对人才的"造血功能"较弱，特别是中小经销商。这就需要企业在人才培养、人才输入上下功夫。

5. 抢时间

2012 年以前，定制行业的商业模式、渠道模式、产品模式、销售模式基本变化不大。但自 2013 年以来，随着国家大环境的变化、移动互联网技术的普及、资本的常态化介入，都在催化着这个行业进行快速地更新迭代，终端各类创新模式也在不断地升级迭代，以前靠时间慢慢积累的传统方式正受到严重的挑战。所以，踩在恰当的时间点做正确的事，已经是各个企业与终端经销商必须要面对的课题。

四、新环境下新的大市场格局

传统门店以销售为主体的功能正在发生变化！

传统渠道以直接引流为主体的功能正在发生变化！

传统消费者以现场场景为单一的购买模式正在发生变化！

这是一轮革命性的变革，也是一轮利益的重新分配。在市场格局日益稳定的当下，为创新者或有资源的后进者再次提供了一个相对公平的竞技环境。

国家对房地产市场的规范，直接影响到家居行业的市场格局。房地产市场的格局已经形成了清晰的轮廓：毛坯房、精装房、二手房（旧房）。

1. 毛坯房

家装模式从原先的包清工、半包、全包，发展到整合了家具软装和家电，将所有居家元素全打包的"整体家装"（萌发阶段），经历了主材代购向采购模式快速迭代。作为定制家居的上游，家装行业最先接触消费群体。对毛坯房而言，橱柜品类很可能已经被家装公司提前占领，"剩下的"才是终端门店的地盘，如图 9 – 1 所示。

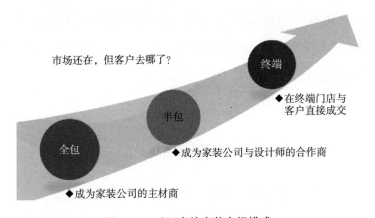

市场还在，但客户去哪了？

终端
◆在终端门店与客户直接成交

半包
◆成为家装公司与设计师的合作商

全包
◆成为家装公司的主材商

图 9 – 1　毛坯房的家装市场模式

2. 精装房

精装房模式下，虽然橱柜被整合掉，但对于衣柜等定制家居

来说是个好事，消费者会更明确地直接选择定制家居，如图9-2
所示。

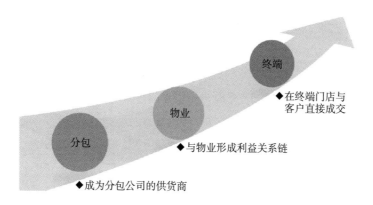

图9-2 精装房的家装市场模式

3. 二手房（旧房）

2016年旧房有3.28亿套，其中二手房约1283万套，市场规
模庞大。旧房市场零碎分布，很多定制家居企业找不到入口。与
家装公司合作及互联网引流，是瞄准旧房市场的重要手段，如图
9-3所示。

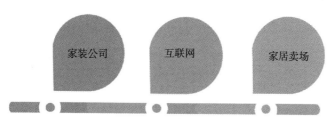

数据显示 旧房存量3.28亿套是新房的20倍左右，市场规模每年增速
近10%，每年有1000多万套旧房等待翻新

图9-3 二手房（旧房）的引流方式

不同类型的房屋，决定全屋定制的角色流程有所不同，现阶

段竞争加剧而导致入口前置已是大势所趋，如图9-4所示。

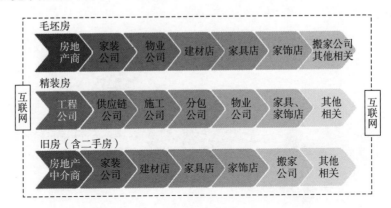

图9-4 各类型房屋的全屋定制的角色流程

五、大市场运营的新零售思维

新消费模式背景下，我们一定要关注的新销售思维。

1. 用服务模式做家装

在传统的消费模式下，家装与家具是各自独立的，直接的表现就是消费者只为能计算出来的人工、材料支付金钱。应该说，以前的家装只是一个解决房子基本功能的工作流程而已，所有工作是以断点的交易来开展的。

在新的消费模式下，所有工作都是以系统的解决方案的整套服务流程来完成的，这就出现了家居的上游企业向下整合、家居的下游企业向上整合、家居企业向两边整合的现象。

用服务的模式做家装，正在考验每个有宏伟目标的企业的综合运营能力。

2. 用家装模式做定制家居

中国的消费者都愿意为看得见的有形产品买单。在消费升级的环境下，他们又只愿意为能提供符合其需求的无形服务的企业抛出购买意愿。这是一个矛盾的现象。

随着行业竞争激烈，大众化路线的产品越来越难找到差异化的核心竞争优势。那么，如何利用无形服务来增加品牌溢价，是企业要着重思考的问题。

这里说的用家装模式做定制家居，其实是指定制家居要用家装的服务模式来增加品牌产品的溢价。在新零售背景下，定制家居终端营销要做到 4 个前置化的动作，才能真正掌握消费需求日益升级的新群体，如图 9 - 5 所示。

图 9 - 5　定制家居终端营销的 4 个前置化动作

第一，导购前置。传统零售模式下，导购工作是在消费者进店时才开始的，但由于互联网不断升级，线上信息筛选已经是消费者都掌握的技能。而且新一代网民消费者不太愿意在不了解品牌信息的情况下直接进门店。所以，导购模式的改变已经迫在眉睫。

新零售导购前置的基本模型，如图9-6所示。

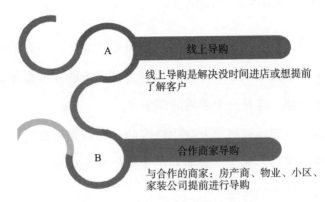

图9-6 新零售导购前置的基本模型

第二，设计前置。在传统模式下，定制家居门店的设计工作是在消费者进店后才会展开。在新零售模式下，这个工作在消费者没进店之前就要完成，如图9-7所示。

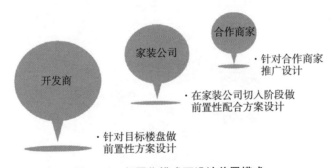

图9-7 新零售模式下设计前置模式

第三，服务前置。服务分为售前、售中、售后服务，但这还是传统零售思维下的服务模式，只要在销售开始之时才开展服务。在新零售背景下，服务与销售的直接关系不大，如图9-8所示。

图 9 - 8　新零售模式下服务前置模式

第四，体验前置。传统零售模式下，店有多大，产品就有多丰富。这对于目前拥有渠道终端优势的企业来讲，已经是个营销标配。一方面，终端资源有限；另一方面，消费者对体验场景有了新的需求，就是进店前的线上体验或其他体验场景。体验前置的基本模式，如图 9 - 9 所示。

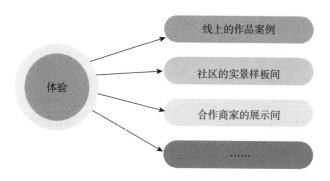

图 9 - 9　新零售模式下体验前置模式

六、大市场运营的新零售模型

定制家居行业的新零售模式是围绕线上与线下的互动而展开的，如图 9 - 10 所示。

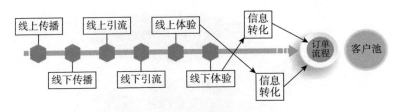

图 9 - 10　新零售模终端运营模型

1. 线上传播

线上新媒体不仅仅为传播，而是创造连接、打通入口，如图 9 - 11 所示。

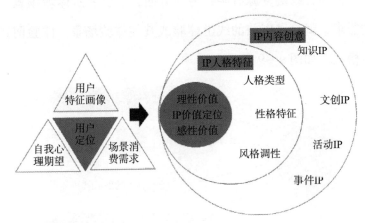

IP价值定位
理性需求：在专业领域给予指导，帮助解决实际问题等
情感需求：情感陪伴、自我激励、开心陪伴

IP人格特征
时尚导师（张大奕）、人生励志榜样（褚时健）、情感呵护者（二更）、垂直领域专家（米其林餐厅）、开心萌宠（宫本熊）、社交伙伴（可口可乐昵称瓶）

IP内容创意
知识IP：通过文章、视频、直播等方式进行知识的分享
文创IP：动漫、视频、创意图文等
活动IP：IM群互动、线下聚会等，如哈雷车友节
事件IP：可持续性的热门事件IP，如"大疆入侵"事件

图 9 - 11　用户定位模型

旧媒体时代，用户被动接收；而新媒体时代，用户主动连

接。创造与用户的主动连接（包括引流、黏性），是新媒体的真正价值，如图 9 - 12 所示。

线上推广的途径

公司自媒体
主要是公司的官网、官微、商城等

行业媒体
全国性或区域性的家居行业媒体合作

大众媒体
百度或当地的的主流线上媒体

图 9 - 12　线上推广路径

对于家居行业来讲，消费者指名购买率会越来越高。以前，由于信息不对称，在选择品牌的时候，很多人会把决策机会放在终端门店，但这一现象已经发生改变。这也就意味着终端市场对消费者品牌认知的争夺正在展开。线上优质内容的传播越来越变成一种优势能力。真正公司化运营的经销商也开始发力。

2. 线下传播

线下传播是指传统的传播模式。由于大市场的线下传播成本越来越高，效果也越来越差，所以终端进行传播时，明确的传播定位就显得非常重要。

针对促销广告，建议一般情况下把广告当促销做，把促销当广告做，这也是把线下广告效果与广告资源有效平衡的一种策略。

抢占制高点、控制火力点，大市场的广告布局要讲究策略，如图 9 - 13、9 - 14 所示。

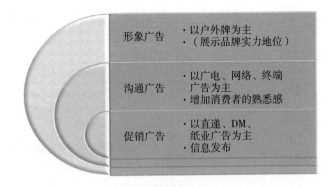

图 9 – 13　线下传播主要方式

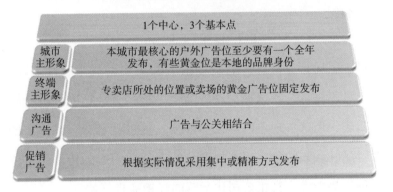

图 9 – 14　大市场的广告布局策略

3. 线上引流

新零售的引流思维是：有连接才有流量。以 IP 内容为核心，通过新媒体矩阵创造高效连接，如图 9 – 15 所示。

在传统市场环境与传统消费模式下，消费者的注意力集中度相对较高，这就是砍价会、团购等模式风行多年的原因。但由于移动互联网普及的催化，消费者的注意力集中度几乎瞬间被瓦解，再想用传统集客模式进行引流就变得异常困难。针对消费者注意力日渐碎片化的特点，终端引流渠道也要进行立体化运营，如图9－16所示。

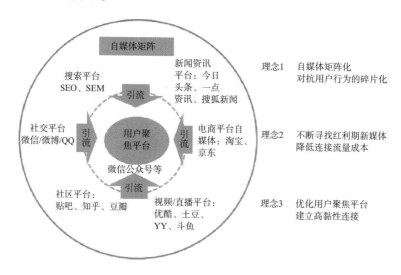

图9－15 新媒体引流矩阵模型

移动策划营销+超强互联网引流+多维互动体验+构建销售平台+全方位终端店面服务

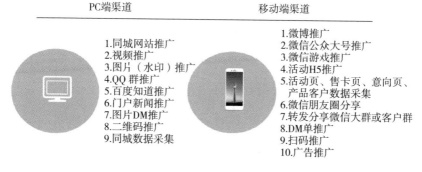

图9－16 终端引流渠道的立体化运营

由于线上引流与线下引流的属性有差别，特别是由线上向线下转化容易出现断层，这就需要在接单流程上进行升级与优化，如图9－17所示。

流程参考

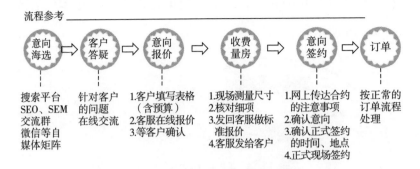

图 9 - 17　线上到线下的接单流程

4. 线下引流

线下引流渠道的功能正在发生明显的变化。在传统零售模式下，线下渠道如门店自然客流、家装公司、小区等，可以清晰地划分出客户是从哪个渠道引进的。但由于不同渠道不断地把营销进行前置，导致客户来源与订单促进的主体更加模糊。

比如，原来在小区做引流，可以直接地界定小区的客户来源数量与成交数量。由于家装公司会在小区做推广，各产品经销商也会在小区做推广，消费者会向产品经销商了解，但又把家装的半包或全包给家装公司，消费者又要与家装公司进行沟通，甚至自己还会再到门店去确认。在整个环节里，不是哪一个环节促成了订单，而是各个环节都有相互影响与促进。所以，渠道的推广与传播就变得更加立体。

传统引流渠道总结起来如图 9 - 18 所示。

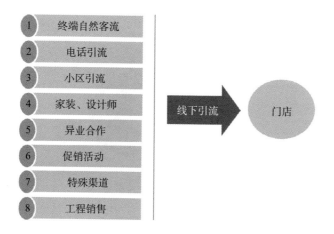

图 9 – 18　传统引流渠道

5. 线上体验

　　线上传播与线上引流只是解决了线上消费者的注意力与品牌信息沟通的问题，但真正要促进消费者采取行动，进行线上下单或引流到线下进行实地购买，必须要在进店之前解决消费者在线上就能确定他的需求与品牌相匹配的问题。

　　线上体验就是解决消费者在线上就能对品牌定位、产品类别、服务属性进行确认，对品牌形成清晰的认知，从而做出决定，省时省心地到线下进行购买。线上体验的平台，如图 9 – 19所示。

图 9 – 19　线上体验的平台

线上体验的方式，如图 9 - 20 所示。

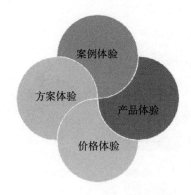

图 9 - 20　线上体验的方式

6. 线下体验

线下体验就是传统的终端门店体验，由于大市场的品牌门店多且集中，门店体验的强弱直接决定了消费者在门店的停留时间，进而就决定了成交率的高低。按照传统的门店特点，体验的核心元素如图 9 - 21 所示。

图 9 - 21　线下体验的核心元素

7. 信息转化

定制家居行业的属性，决定了不可能从单一的线下模式去对待，也不能从单一的线上电商模式去对待。线上与线下的互融互通是其新零售模式的核心所在：让消费者能快速在线上找到入口，通过线上与线下的过渡地带顺利进入线下流程。要把在线下没有成交的客户有意识地引到线上，并进行后期的跟踪与维护，在时机成熟时又引回线下进行实际的销售流程。

其他行业的线上功能，要么是纯粹引流，要么是直接解决引流与销售问题。而定制家居O2O线上核心是要解决两个功能：线上引流与线上体验。如果缺少线上体验这个环节，那么消费者直接到线下实体店的可能性就会减少很多。

8. 客户池

定制家居行业的属性决定了客户口碑的重要性。定制家居行业没有纯粹意义上的营销，也没有纯粹意义上的服务。营销就是服务，服务就是营销。特别是对老客户群体的二次营销与二次服务会为品牌带来低成本高净值的客户流量。由于现在获客成本越来越高，获客渠道越来越分散，使得品牌的获客越来越难。所以，老客户池的经营就变得非常重要。客户池经营的核心是客户资源的数据化管理、规范化的售后服务管理、系统化的客情关怀营销、有效的服务盈利模式。具体内容与方法，如图9－22、9－23所示。

图 9 – 22　客户管理内容与方法

图 9 – 23　客情关怀内容与方法

七、大市场的竞争策略

1. 目前市场领军品牌的大市场竞争策略

对于市场领军品牌来说，其已经基本完成渠道布局与终端的基础建设，进一步形成有效的竞争壁垒是其主要的战略。

对于已经领先的大众路线品牌，其品牌的产品与价格定位不像当初那样非常明显、清晰地定位与市场细分，除了最高端与最低端的客户群体，以及最没有性价比的市场份额，基本是对其他的客户群体进行通杀。从 19800 元套餐、16800 元套餐、799 元套餐等套餐式营销的表象可以看出一些本质。市场份额的有效占领是其最重要的市场营销战略。市场份额的扩大，就意味着品牌客户池的扩大。

领先品牌大市场的核心竞争策略模型，如图9－24所示。

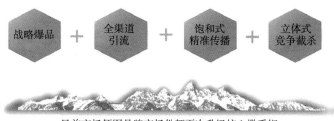

目前市场领军品牌市场份额再次升级核心撒手锏

图9－24　领先品牌大市场的核心竞争策略

在发展过程中，定制家居产品不能进行快速普及，核心原因是行业的定价方式在消费者心中尚未形成直观的衡量标准。通过爆品方式进行价格透明化的普及，可以充分体现大品牌的综合竞争力，进一步挤压中小品牌的市场份额争夺资格。

由于客户引流渠道的分化，单一的引流渠道已经很难进一步提升销售业绩，甚至有可能会导致业绩倒退。只有借助品牌的综合实力进行全渠道布局与引流，才能进一步提升业绩。对于很多中小品牌来说，这是一个很高的门槛。从目前的市场表现来看，大品牌在精装房、工程配套、整装配套、家装渠道、终端零售方面都在进行着战略性的投资发力。

饱和式精准传播，是基于市场渠道越来越细分、传播成本越来越高昂的市场环境下产生的。传统的不精准的广泛性传播模式在大市场中已经力不从心。在某个阶段针对特定的群体与渠道进行饱和式覆盖是性价比最高的方式。比如，针对家装渠道，以前只是在销售推荐环节进行传播与营销。在饱和式传播模式下，就可以在家装的传播环节、推广环节、销售环节、服务环节深度切入，形成饱和式的覆盖效果。

立体式竞争截杀，是大品牌的又一个市场战略动作。竞争截杀从几个层面展开：产品线的延伸、价格层次的延伸、渠道的抢占与壁垒构筑。比如，与家装公司的合作大品牌一般都会考虑利润空间，但如果这个渠道是某个品牌当前的薄弱环节，企业与经销商就会考虑不计成本地抢占，以达到渠道占位，在切入之后再利用产品线分割，拉升到合理的利润空间。

2. 目前市场弱势品牌的大市场竞争策略

弱势品牌最明显的特征是：渠道布局严重不合理、运营团队战斗力弱、营销预算不够。无论从哪个角度，想进行全面的进攻或防守都是一件很不现实的事情。

聚焦与插位，是弱势品牌最大的着力点。聚焦是集中企业的优势资源在最容易发力的点进行深度切入，打开缺口后再进行战略延伸。插位，是从品牌定位、市场定位、消费群体定位寻找最有利的机会缝隙进行切入，不按常规的顺序进行慢慢排位，从而减少丧失市场机会。

企业不用担心聚焦与插位策略会导致市场机会的流失。只要把某一个领域的机会利用到极致，就是最庞大的市场机会。从目前来看，弱势品牌大市场用的核心竞争策略模型如图 9 - 25 所示。

目前市场弱势品牌进行战略插位的核心营销魔咒

图9-25　弱势品牌大市场的核心竞争策略模型

战略客户，是指精准吻合品牌定位的消费群体或合作伙伴。只要一个品牌有着清晰的品牌战略，就一定有自己独特的"粉丝客户"与"粉丝合作伙伴"。如果不是，则说明品牌的战略定位出了问题。弱势品牌要做的就是把这些"粉丝客户"与"粉丝合作伙伴"经营到极致，挖掘出最大价值。如果连这部分"粉丝"都经营不了，那么其他的营销动作都是纸上谈兵。

所谓优势渠道，是针对全渠道模式来讲的。有实力的品牌由于品牌的号召力强，有条件进行全渠道经营，但对于大多数弱势品牌来讲，这是一个很难在短期内达到的目标。所以，就有必要把资源聚焦在目前能把握的优势渠道上。比如，有些品牌在小区渠道上深耕多年，并有一套独特的运营方法与团队，那么企业要做的就是进一步做深做透，把它做成企业自己的运营模式，以能复制为成功标准，在此基础上再进行其他模式的创新与尝试。

精准式深度传播，就是把企业的预算与团队投入到能准确把握的环节。比如，能做一个小区的全流程深度传播，就不做三个小区的浅尝辄止的传播；能做一个家装公司的全流程深度传播，就不能分散资源与团队进行广泛的散户传播。

聚焦式竞争狙击，是指在战略上锚定方向后，针对某个具体战术点进行深度打击。比如，具体的促销产品、具体的竞争性产品定位、具体的渠道抢夺等。

下篇
经营与运作

第十章　不同层级的品牌如何占位

一、定制品牌的三大特性

什么是品牌？定制行业如何做品牌？不同发展阶段的定制行业企业如何做好品牌？回答这些问题，是企业至关重要的顶层设计，是企业的战略，也是企业的策略，关系到企业未来的发展。套用孙子兵法，"品牌者，企业之大事，死生之地，存亡之道，不可不察也"。

什么是品牌，有很多的定义。举个很简单的例子，你在地摊上买一双鞋，这双鞋什么标志都没有，卖20元，你会觉得很贵，犹豫不买。如果加上一个对勾，标价200元，你会觉得占了便宜，抓紧买走。这就是品牌的威力！品牌就是同样的产品，可以让你比别人卖得贵、卖得好、卖得久的东西。

现代营销学之父菲利普·科特勒说："品牌就是一个名字、称谓、符号或设计，或是上述的总和，其目的是要使自己的产品或服务有别其他竞争者。"核心意思是说，品牌就是用于区别竞品的商标。广告教皇大卫·奥格威说："品牌是一种错综复杂的象征，它是品牌的属性、名称、包装、价格、历史、声誉、广告风格的无形组合。"这个定义有点学术，不太接地气。最经典的是定位营销大师艾·里斯与杰克·特劳特对品牌的定义，认为品牌就是代表某个品类的名字，当消费者有相应需求时，立即想到该名字，才算真正建立了品牌。定位大师从竞争和消费者角度来定义品牌是非常接地气的，也是被广大企业和营销人最认可与接受的品牌定义。

具体到家居建材行业与定制行业，其品牌与其他行业有什么不同的特性呢？

我们先从一些具体案例来了解家居建材行业品牌与众不同的特性。笔者以前做品牌策划时，曾经多次做过入户调研。有一次到杭州的一个女客户家里，了解她的橱柜与衣柜情况。笔者问她家用的是什么牌子的橱柜。她说不知道。笔者进厨房一看，在橱柜台面显著的位置上有欧派的金属铭牌。女户主住了这么久，每天都用厨房竟然不知道，这着实让笔者一惊。

还有一次入户调研，笔者问一位男性，知道哪些家居品牌。他回答有红星·美凯龙、居然之家、宜家。笔者又问他知不知道欧派、索菲亚。他说不知道。还有很多卖得好的建材品牌，他都不知道。笔者又问他怎么买家具。他说网上搜中国十大家具品牌，搜中国最受欢迎的家具品牌。

笔者还问过一位进店的女性怎么买家具。她说先在网上搜图片，找到好的图片就不断收藏，然后去家具店看有没有这样的。我问她在意品牌吗？她说不在意，好看就行。

据有关入户调研的结论，一年之后，买家具的人基本都记不住自己买的是哪个品牌。另一个结论是，除非真的感到这件家具物超所值，他们才会跟朋友说，只是一般好则不会说。

以上案例说明什么？说明了家居建材品牌，特别是定制行业品牌与其他行业品牌有着迥然不同的属性。只有对这些特性有深刻的认知与了解，才谈得上做好品牌，否则就是纸上谈兵。

笔者通过十多年的家居建材行业实战经验，总结出家居建材品牌，特别是定制品牌与众不同的三大特性：

第一，产品品牌 VS 服务品牌。定制品牌属于服务品牌。

如果你在街上，不管任何店面，买了一部苹果手机，只要这部手机是真的，其使用体验与你在苹果体验店里买回来的不会有区别。这就是标准产品的品牌特性：产品是可完全交付给消费者即开即用的标准品，产品的品质是完全可以由品牌方控制的。可以把这种标准产品的品牌叫作产品品牌。

而定制产品，从品牌工厂发出时是一个半成品，需要当地经销商去到消费者家里组装才能组成一个完整的产品。而且顾客在购买产品之前，经销商就要先去顾客家量尺寸、沟通、出图、报价，经消费者确认后再把订单下到工厂。"服务在前，产品在后"的定制行业属性，决定了其产品体验的完成必须由工厂与经销商共同完成。如果消费者购买的是一个大品牌的产品，当地经销商没有在前端把服务做好，即使产品最终在消费者家里一次交付成功，消费者对品牌的体验也会大打折扣。比如，有一个高端客户购买了一套非常昂贵的进口品牌橱柜，因为有一处尺寸错误，导致柜门一直安装不上，来回折腾了三个月，客户说以后不会给他的朋友推荐这个橱柜品牌了。所以，定制品牌严格意义上都是服务品牌。

第二，行业品牌（2B品牌）VS大众品牌（2C品牌）。大多数定制品牌还是行业品牌。

行业品牌，是指局限于行业内的竞争对手、经销商、供应链、媒体等相关从业人员知道的品牌。行业品牌更多是对B端，所以也可以称为2B品牌。大众品牌，顾名思义，就是普通大众都知晓的品牌，如可口可乐、麦当劳等，是面对直接消费者的2C品牌。测试一个品牌是不是大众品牌，一个非常简单的办法就是跑到大街上随意拦截一些路人，问他们是否知晓这个品牌。在传统媒体时代，为何企业都挤破脑袋去央视争做"标王"，那是因为央视无可撼动、无人企及的传播平台能让企业一夜之间成为大众品牌。

定制品牌要从行业品牌过渡到大众品牌，相比家电行业、数码3C行业、手机行业、汽车行业等，要付出更多的金钱与时间。这种难度是由家居"三低"属性决定的。一是低迭代，相比十年前的手机与今天的手机，十年前的家具和今天的家具区别大吗？二是低频次，大多数人是一生只置业一次，因此一生往往只买一次。三是低曝光，汽车也是低频次，但汽车跑在路上有高曝光率，而再好的家具买回家也只有主人能欣赏到。

第三，广告品牌VS口碑品牌。大多数定制品牌更需要口碑树立品牌。

我们经常看到定制行业里一些销售体量刚过亿元的企业匆匆忙忙去做央视广告、高铁广告，甚至机场广告。这些企业认为，做了这些广告就建立起了品牌，就成了品牌。很可惜，许多企业做广告是浪费。打个比喻，广告是天上下雨，地面的渠道布局、门店数量是在地上接雨的脸盆。如果门店数量在全国没有超过1000家，就意味着还没完成全国的渠道布局。这时去做全国性的广告就是一种严重的浪费，因为地面（渠道布局）根本没有脸盆来接。做全国性的广告、泛知名度的广告只适合一线品牌，因为它的地面渠道足够强大，地面不是用脸盆而是水库来接雨，和二三线品牌不可同日而语。对于大多数二三线品牌，或聚焦区域的区域性品牌，更务实和接地气的做法是根据自己的服务半径聚焦自己的资源，服务好目标客户群里的超级用户，让他们的口碑驱动企业品牌的建立。

基于以上对定制行业品牌特性的分析，我们可以得出定制行业的一线品牌、二线品牌、三线品牌在越来越激烈的市场竞争中采取何种品牌策略了。

一线品牌要做的就是不断占位成为大众品牌。

二线品牌要做的就是不断抢位成为行业品牌。

三线品牌要做的就是不断插位成为服务品牌。

二、一线品牌如何占位

对于一线品牌，要做的就是尽快成为大众品牌。2017年欧派已经破百亿，不出意外，在未来可期的十年，欧派将第一个成为破千亿的企业。紧随其后的索菲亚、尚品宅配，也将在未来两三年内破百亿。定制龙头企业的强者恒强的马太效应已经初显，第一集团军的地位已经无人撼动。对于一线品牌来讲，除了土豪"不差钱"的广告投放以扩大品牌知名度外，在移动互联网时代媒体极度碎片化的情况下，如何用优质的内容营销来打造品牌是必须练就的真功夫。目前，基于内容营销打造的现象级品牌传播，定制行业内还没有一个成功案例。

对定制一线品牌最有参考价值的是方太的现象级传播的系列广告。油烟机广告不好做。一方面，消费者现在的刺激阈值太高，流于俗套的内容难以引起他们关注；另一方面，油烟机属于低关注度的耐用消费品，要强制受众关注产品本身相对较难。无论是自黑视频还是虚假广告等，方太的创意从未脱离厨房，既摆脱了"就产品论产品"的生硬，又做到了都是为产品量身定做的体察入微。"四面八方不跑烟"的产品主张，规避了厨电高科技给受众尤其是女性潜在消费者带来的晦涩感，以生活化的场景、热点话题切入及逗趣的演绎，围绕有爱、有趣大做文章。这一切最终就是为了把对方太品牌以简单、有趣、与众不同的方式植入人心。

三、二线品牌如何抢位

对于二线品牌，要做的就是通过抢位成为行业品牌。因为大多数的二线品牌还没有完成全国渠道布局，当务之急还是扩大店面数量，进行渠道深耕。二线品牌现阶段做品牌的主要目的还是吸引优质的经销商加盟，快速开店，完成全国网点布局。二线品牌重点关注的是招商的数量、招商的质量、重点 KA 渠道的布局和重点区域的布局。对于二线品牌，招商数量与质量并重，先数量后质量。对于红星·美凯龙、居然之家等全国连锁卖场，要加大店面数量和占有率；对于重点区域要实现区域优势，并快速地在全国复制。二线品牌的一切品牌工作的重心都是为了围绕招好商、招大商展开。

四、三线品牌如何插位

对于三线品牌及以下品牌，最应该做的就是服务品牌。世界战略大师迈克尔·波特对于竞争战略有三大分类：一是总成本领先战略；二是差别化战略；三是专一化战略。总成本领先战略要求企业建立起高效规模的生产设施，全力以赴地降低成本，做好成本与管理费用的控制，以及最大限度地减少研发、服务、推销、广告等方面的费用。差别化战略是将产品或公司提供的服务差异化，创造出一些全产业范围中具有独特性的东西。实现差别化战略可以有许多方式：设计名牌形象、技术独特、性能特点、顾客服务、商业网络，等等。最理想的情况是公司在几个方面都有其差异化特点。专一化战略是主攻某个特殊的顾客群、某产品线的一个细分区段或某一地区市场。公司业务的聚焦专一能够以更高的效率、更好的效果为某一狭窄的战略对象服务，从而超过在较广阔范围内竞争的对手们。对于三线及以下品牌来讲，不能与一二线品牌硬碰硬，而要根据定制行业"服务在前，产品在后"的服务品牌特性，聚焦区域市场或者聚焦特定目标消费群体，以更小的服务半径为消费者提供成本低、交期快、体验好的产品与服务体验，打造自己的服务品牌，获得差异化的竞争优势，谋取自己独特的生存空间。

第十一章　定制行业品牌 IP 如何打造

新媒体时代，很多企业负责的品牌老总与品牌总监非常迷茫，因为以前大工业时代那套品牌传播套路失效了，最典型的就是叶茂中的品牌传播"三板斧"：找一个明星代言，想一句经典的广告语，拍一个广告片在央视大规模投放，一个品牌就打造出来了。新媒体时代，品牌的打造与传播都变了。

一、新媒体时代的品牌特征

移动互联网诞生的新媒体时代，与过去的传统媒体时代有什么显著区别呢？笔者总结了自己多年的品牌实践经验，得出了新媒体时代的四大特征：

第一大特征就是碎片化。过去在一个中心化媒体上投放广告，就可以覆盖所有人群的时代一去不复返了。年轻人基本不看电视了，只看手机。而手机上的信息渠道和来源又高度分散、高度碎片化。且碎片化的程度越来越高，有人更极端地说是粉末化了。

第二大特征就是易逝性。现在的新媒体时代，无论多大的爆点、热点事件，基本在一周内就会归于平静，抢夺顾客眼球的黄金时间就三五天。以前，企业做品牌像造塔，造完塔基本可以一劳永逸，做个广告片在央视放一年就行了。而现在企业做品牌要造浪，一浪接着一浪，必须浪打浪，才能保持热度、吸引眼球、保持关注、增大品牌曝光率，才能让消费者记住。

第三大特征就是不可预测性。你费了九牛二虎之力策划的品牌大创意，放到市场上可能连一个泡都不冒就悄无声息了。而你连想都没想过的东西，却突然莫名其妙地火起来了。比如，南宁小伙子放了一段"蓝瘦、香菇"的视频，"蓝瘦、香菇"就火得一塌糊涂；2018年元旦的朋友圈被刷屏的"18岁的照片"也火了起来。所以，对于企业做品牌来讲，想憋个大招一炮而红越来越难了。

第四大特征就是"万物有灵"的灵性。原来在工业经济时代，品牌定位是在某一领域独一无二、不可复制，抢占消费者心目中的有利位置。为增加品牌识别性、差异性，企业会对品牌定位找到品牌的"关键词"、塑造"品牌概念"，形成鲜明的品牌区隔。如果把品牌比喻成一个人，传统工业品时代是给品牌起一个独一无二、在消费者心目中扎根的"人的名字"。而在互联网时代，"人的名字"太多了，也不好记，消费者更容易记住的是"人的面孔"！人会忘记所见过的人的名字，但绝对不会忘记人的面孔，特别是特色鲜明的一张面孔，一见面就能认出来，但不一定能喊出人的名字。在互联网时代，随着技术的发展，有了微博、微信，互动和交流变得更容易，记住"人的面孔"越来越容易了。品牌的"人的面孔"就是有人格化的品牌，就是回归到

"万物有灵"的时代。在互联网时代，企业要做的是将人格注入品牌，把品牌当作人，塑造不一样的人格，不一样的生活方式、生活态度、生活信仰，通过故事、经历去演绎并始终如一。

现在移动互联网最火的一个概念就是 IP 了。IP 是 Intellectual Property 的简称，是指基于智力的创造性活动所产生的权利。普遍翻译为知识产权，或者知识财产。从广泛意义上讲，指那些被广泛受众所熟知的、可开发潜力巨大的文学和艺术作品。

如果用通俗的语言解读，所谓 IP 化，就是一个将事物持续进行差异化、人性化诠释（打造），使其具有独立人格和永恒的魅力，并具有不可估量的商业价值的过程。请注意，它是一个持续的永无止境的过程，是一个对事物本身或事物内容进行构建的过程。

品牌建设是一个过程，一个通过产品或服务实现商业价值的过程。IP 化也是一个过程，一个通过内容构建实现商业价值的过程。从某种意义上讲，IP 化是高于品牌建设的。可以说，品牌建设是 IP 化的初级阶段，当一个品牌建设达到了具有独立人格和魅力时，就步入了 IP 化的高级阶段。如果说品牌是产品的文化，而 IP 就是品牌的文化。

对于家居建材行业品牌的 IP 打造，笔者总结出"五头法则"。"五头"就是"明星头、美人头、老人头、小毛头、野兽头"。

明星代言用的是"明星头"，是品牌 IP 打造最有效、最常用的方法。用明星的名气代表企业的名气，用明星的气质代表品牌的气质，用明星的性格代表品牌的性格。定制行业目前明星代言泛滥，并不是有了"明星头"，企业品牌就可以自然出头。明星代言用好了是对品牌加分，用不好就是减分。

"美人头"是性价比比较高的品牌 IP 打造方法。家居建材内的很多企业在起步阶段都用过外国美女模特。但消费升级与民族文化自信的回归，使外国"美人头"越来越式微了。

"老人头"是表现品牌历史与品牌匠心的最好 IP 符号。家居行业"慕思"品牌用"老人头"是最成功的，而且一直坚持用到现在。

"小毛头"是消费者喜爱的。从立邦漆的带彩的婴儿屁股到"帝王洁具"的小孩撒尿，都让消费者过目不忘。最新的由 TATA木门推出的 TATA"小英雄"的吉祥物，都是品牌 IP 打造的一个新尝试。"小毛头"用好了，要胜过"明星头"和"美人头"。

"野兽头"家居企业用得非常少，用好的更少。"野兽头"一般是动物的卡通形象。这个被互联网企业普遍使用，如腾讯的企鹅、阿里巴巴的猫、京东的狗、美团的袋鼠、苏宁的狮子等，卡通形象可以视为一种人格化的 LOGO，它更符合品牌 IP 打造的人格化特质，特别容易引起人们的共鸣与喜爱。卡通形象就是品牌的代言人，可以进行不同场景人格化的演绎。在互联网时代，这种优势被无限放大。在 2017 年中秋节，欧派推出的一支"狼人"的广告片，创意和执行都非常不错，创造了家居行业少有的一轮"病毒"传播，属于定制行业少有的创意上乘佳作。欧派巧妙运用了"狼人"这个似人非人的"野兽头"，如图 11-1 所示，取得了非常好的传播效果。

图 11-1 欧派的"狼人"广告片海报

二、品牌 IP 打造的超级利器——明星代言

明星代言是所有行业快速打造品牌 IP 的不二法门。特别是对 2C 端的品牌，从化妆品品牌、服装品牌、家电品牌、3C 品牌到互联网品牌，对明星代言都情有独钟，乐此不疲。明星代言之所以长盛不衰，是因为可以迅速解决品牌营销的两大障碍：一是信任状问题——消费者凭什么信你的问题；二是价值锚——消费者凭什么买你的产品的问题。

明星代言也是家居建材行业，特别是定制行业，打造品牌的超级利器。明星代言人与企业品牌是否吻合，需要考察五个指标：

一是契合度。明星代言人在形象、气质上，是否与品牌的形象与气质契合。

二是价值观。企业的价值观、愿景、使命、理念、精神诉求是否能通过明星代言人呈现出来。

三是专注度（排他性）。最理想的代言就是，代言人即品牌，品牌即代言人，所以如何强化代言人与品牌之间的联系也是企业需要考虑的因素。但是对于国内明星而言，特别是一线明星，这是最弱的一环。某些明星代言品牌众多，形成固定联想非常困难。

四是互助性。聪明的代言人选择的策略是借势营销、互相促进。如果只是单方向输出，无论是对企业还是对明星，都得不偿失。所以代言人的选择，最好是双方互相借力的双赢结果，这一点极其关键。

五是可持续性。明星自带话题，产生天然流量。请明星代言一方面借助明星的人气，扩大品牌的受众群体，带动销售；另一方面也希望明星的正面形象强化品牌所塑造的定位。但明星代言是把双刃剑，明星一旦出现各种"门"事件，就会有很大的负面效应。所以，一个明星能否持续地为企业带来优质的品牌声量，也是不可忽视的考量因素。

纵观中国家居建材行业，特别是定制行业的明星代言，笔者归纳为四重境界；

第一重境界就是请二三线明星或过气明星的品牌代言，这是一种最低境界的品牌代言。这种企业一般实力有限，只能请二三线的明星甚至过气的明星来代言。毕竟明星不管大小，总会有点明星效应。这是这些企业区别于行业内其他杂牌或小品牌的一个重要的品牌建设手段。很简单，请了明星的就是品牌，不请明星的很难说是品牌。这招对这些企业的经销商非常有效，提升他们对这个企业品牌的信心，但起效力的时间不会太长，一年内会衰减得非常厉害。对企业的招商也有一定效果，但效力会随时间递减。由于这些企业实力相对有限，央视或地方的广告投放很少或没有，明星代言的影响力也非常有限，对终端消费者基本没有影响，对终端销售的拉动作用也几乎没有。

第二重境界是请一线当红明星的品牌代言。这需要厂家掏更多的真金白银，但也是企业实力的体现。请的明星越大牌，说明企业的实力越雄厚，对经销商与终端消费者的影响力和震撼力也越大。如果企业能通过央视或户外等大众媒体持续投放品牌代言人的广告，对企业的品牌知名度的提升和终端销量的拉动都会有正面、积极的作用。但请一线当红明星的代言，切记明星自身的气质、性格、形象要与品牌想传达给消费者的气质、性格、形象很好地匹配和演绎。现实情况往往是明星的风采盖过了企业品牌的风采，消费者可能记住了明星，但忘记了他代言的是什么品牌。或者是明星与企业的品牌根本不搭边，甚至是相反的，结果经销商根本不愿意在终端店面上体现明星，造成明星与品牌是两张皮，终端落地性很差，效果大打折扣。

第三重境界是请一线当红明星，与品牌主张、品牌理念紧密结合，并提出明确的、有冲击力的品牌口号。能做到这一重境界品牌代言的企业在中国家居建材行业里凤毛麟角、屈指可数。像居然之家以"装房子、买家具，我只来居然之家"的叫卖式口号，已经是非常不错的了，起码还能让消费者记住。在明星的品牌形象与企业的品牌形象、品牌主张做到有机融合、浑然一体以发挥更大效力上，家居建材行业的品牌应该多向成熟的服装行业、家电3C行业等快速消费品行业学习，他们在品牌代言人的选择，与企业品牌的匹配，与企业品牌主张、理念的融合上，做得确实比家居建材企业好得多。

第四重境界是最高境界，即明星是配角，企业的品牌是主角，明星不过是诠释企业某个阶段品牌理念或企业部分产品线的一个代言人。中国的家居建材行业还没有一个企业能达到，但可以是努力的方向。这种境界可以在"两乐"——可口可乐与百事可乐品牌上，以及某些强势的快消品品牌上，如宝洁身上看到。明星代言是其企业品牌战略的一个组成部分，而不是像现在的大多数中国家居建材企业把宝都押在明星代言上。

中国的家居建材企业如果要请明星代言，可用上述的尺度衡量一下自己到底处在哪个层次与境界。品牌代言对有些企业可能是良药，也可能是毒药，但绝对不是万能药。如何发挥明星品牌代言的最大效果，是值得每一个家居建材企业认真思考的课题。

三、品牌 IP 打造的超级利器——明星企业家带明星企业

互联网时代让每个人都有凸显自己的机会和平台，在工业时代标准化的冷漠面具下被抛弃的个人魅力重新回归了舞台中央。颜值、温度、情怀、价值观、精神，这些代表个人魅力的特征，通过企业创始人附着在企业的产品上，传递给产品的粉丝和消费者。消费者通过消费产品而实现了对企业创始人个人魅力的精神消费。就像褚橙卖的不是橙，是永不放弃；陈欧卖的不是美妆品，是做自己……

蔡明是定制行业明星企业家带明星企业的标杆。蔡明说，他在博洛尼的角色是"只负责创新"，如新产品、新模式、新营销方式等。他堪称"家居界娱乐营销、个人营销战术的终极玩家"。

七间宅、"辣椒门"、世界杯"5000 万"赌球的产品促销、"抢沙发"等，无一不是火得一塌糊涂。2015 年伊始，博洛尼推出"变态级环保"全屋定制；2016 年的开年大片更是吊足了各路看官的胃口；2017 年推出的博洛尼主义"高冷范"，足以让消费者和业界为之尖叫。

在当今互联网时代大潮下，对于个人，特别是企业的创始人、明星企业家，打造魅力人格体，已是必备的基本功。

第一，极端 or 中间。如何打造魅力人格体，企业创始人走极端还是走平庸的中间路线呢？在互联网连接一切的前提下，人与

人之间的冗余度降为零，即两个相同的人必有一个被淘汰。要想生存下来，就要把自己的才能发挥到极致，直至异端。所以，异端就是极端，要么你牛气冲天，要么你一直坚持，最终逆袭！在互联网时代，符合的是幂律分布，要么拔尖，要么被淘汰。

第二，长板 or 短板。企业家打造魅力人格体，要发挥自己的长板，让自己的长板更长。原来的水桶理论是最短的板子决定装水的多少，每个人必须是全面手，不要有太短的短板。而互联网时代，让自己的长板更长成为可能，人做到"单点极致"或者叫"一针捅破天"，在一个聚焦的极窄的领域把纵深做到极致，就是最好的策略。猎豹 CEO 傅盛说："今天这个时代，只要做好一件事情，就可以改变世界。"一粒米粒也可以崛起成为珠穆朗玛峰！TATA 木门的创始人吴晨曦，就是通过不断分享自己独具深度的企业经营理念，赢得了行业内极高的关注度与曝光度。

第三，喜欢 or 讨厌。企业家打造魅力人格体，不是讨所有人的喜欢，而是让喜欢自己的人更喜欢，让喜欢自己的人聚集成铁杆粉丝的社群，通过社群的运作来强化和放大自己的魅力人格体。

第四，颜值 or 颜智。颜值是移动互联网时代的一个高频热词，也是打造魅力人格体的必经之路。在移动互联网高度碎片化的场景下，如此才能迅速吸引眼球和注意力。打造魅力人格体要有颜智，就是美貌与智慧并存。用美貌吸引眼球，用智慧沉淀粉丝。互联网时代，是一个声色时代。

第五，高感 or 无感。企业家打造魅力人格体就要成为高感性能力的人，因为未来属于高感性能力的人。什么叫高感性能力呢？就是不只讲功能，还重设计；不只是论点，还说故事；不只谈专业，还有跨界；不只讲逻辑，还有情怀；不只能正经，还能娱乐；不只顾赚钱，还重意义。高感性能力的人，用现在互联网语言来讲，就是有情、有趣、有用、有品的"情趣用品"。而无感的人，必然会受到粉丝和消费者的唾弃。

总之，明星企业家带动明星企业，要打造企业家的魅力人格体，就要遵循互联网时代的魅力人格体"三自"原则：自恋、自黑、自在。具有魅力人格体的企业创始人大都是超级自恋的。连自己都不爱，怎么爱别人呢？大隐隐于市，高手才能把自己混同于普通群众来插科打诨，放得低反而让人感觉亲近。自在就是不管别人的评论和目光，不按常理出牌，我行我素，故我在！

四、品牌 IP 打造的超级利器——企业出书文化 IP 打造

记得笔者 2007 年还在家电行业工作的时候，偶然的机会在企业的图书室里看到了一本介绍欧派的书——《蓝海赢家——中国隐形冠军欧派》。这本书对欧派的成长与发展历程有非常详尽的介绍。其中对企业掌舵人姚良松创业九死一生的故事，至今记忆犹新。当时，笔者就感觉欧派是一家非常了不起的、有发展前途的企业。可以说，正是这本书让笔者于 2008 年进入中国橱柜行业

直到今天，成为笔者人生重要的转折点。

《孙子兵法·谋攻篇》说："不战而屈人之兵，善之善者也。故上兵伐谋，其次伐交，其次伐兵，其下攻城。"企业出书，就是企业用软文化攻心，属于"上兵伐谋"，是企业品牌运作的"不战而屈人之兵"，结果一定是"善之善者也"。

2013年出版的《尚品宅配凭什么》，对尚品宅配品牌的推广就起到了非常好的推波助澜的作用，几乎定制行业的从业人员都看过这本书。书中称：尚品宅配的商业模式，不仅受到业界的疯狂学习和模仿，并被互联网大佬阿里巴巴的高管推崇为"C2B 模式样板"，更是前广东省委书记汪洋眼中的朝阳企业！书里对尚品宅配的商业模式、运营策略、终端方法、创业故事都有比较详尽的描述，成为行业与消费者了解尚品宅配的一个非常好的窗口，也为尚品宅配品牌 IP 的打造奠定了非常好的基础。

五、品牌 IP 打造时不要犯"品牌多动症"

很多企业，特别是发展中的中小企业很容易罹患"品牌多动症"。直白地讲，就是品牌定位不清晰、不坚定，经常变化，隔几年就有一个新的定位、新的口号。罹患"品牌多动症"的企业，就像不停地在不同的地方打井取水，打了几口井，都是浅尝辄止，最终一无所获。

对已经成熟的大品牌来讲，偶尔"品牌多动"，因为大企业有大量资金试错。而对中小企业来讲，"品牌多动"就是一件非常昂贵的奢侈品了，玩不好就前功尽弃。中小企业品牌的资源和资金都相对有限，如果不能持续坚定地传播自己的品牌定位，最直接的后果就是消费者也不知道你是谁，进入不了消费者的心，成不了顾客购物清单里的一分子。若企业发展了若干年，品牌定位、品牌口号还是不能被消费者记住，不能给消费者一个购买的理由，多数是因为患了"品牌多动症"。

"品牌多动症"的症状之一就是企业太聪明，太"与时俱进"。这往往是因为企业的领导人，特别是老板很聪明、很强势，他总是把自己的主观想法强加在企业的品牌定位、品牌口号上。所以，经常看到一些企业过一段时间就会换一个广告片，品牌口号也如走马灯似地更换。每句品牌口号都挺"应景"，但过一段时间之后又落伍了，再推出新的口号。这种企业最大的问题就是老板想传播什么，而不是顾客想要什么。

"品牌多动症"的症状之二就是企业品牌是"墙头草"，摇摆不定。品牌的定位和口号好像都是临时性的，极端的情况是多个品牌口号同时存在、同时使用，像打散弹一样根本就不统一。其根源是企业对自己传播的东西不坚定，总是在怀疑自己的定位是否正确。对这种多种定位、口号分食资源的情况，企业也有所察觉，但无所适从，觉得都可以用、都有点作用，所以就摇摆不定，得过且过。

以上两种症状，对企业非常不利，特别是发展中的中小企业。最直接的结果是企业每年都在投钱，看着是在做品牌，但品牌资产一直没有正向的积累和沉淀，品牌还是在消费者的心门外徘徊，更谈不上成为主流品牌和一线品牌了。

对于中小企业而言，要做到企业品牌定位、口号清晰和坚定。首先，需要企业的高层对这个问题高度重视，尽可能在企业发展初期就解决这个问题。其次，品牌定位和口号不能是凭空拍脑袋想出来的，而是要基于对行业、市场、消费者、竞争对手的深刻体悟和洞察，并在扎实调研和走访的基础上总结归纳得出。中小企业可以在发展初期适当引入一些策划咨询机构之类的外脑，来协助自己做品牌定位和口号的工作。

【附录】定制行业历年来品牌定位口号的演变历史

（按口号更替的时间排序）

欧派

- 有家有爱有欧派

索菲亚

- 懂空间，会生活

- 定制衣柜，就是索菲亚

- 定制家·索菲亚

好莱客

- 整体衣柜领跑者

- 我的定制家居大师

尚品宅配

- 全屋家具　定制专家

- 全屋家具数码定制

- 科技定制全屋家具

维意

- 全屋家私定制

- 我的家维意定制

百得胜

- 定制您平安的家

- 平安的家，百得胜定制

联邦高登

- 联邦，高素质生活

- 经典品质，始终如一

冠特

- 定制健康卧室家具

- 可传承的定制家居

玛格

- 定制你想要的家

- 别墅洋房定制专家

- 专注全屋实木定制

科凡

- 定制五星级的家

- 全屋定制大师

KD

- 家居高级定制

诗尼曼

● 相知，相伴，诗尼曼

卡诺亚

● 好衣柜，就是卡诺亚

劳卡

● 时尚第一品牌

● 让居家宅配时装化

● 时尚定制家居

顶固

● 高端衣柜顶固范

● 智能衣柜开创者

客来福

● 全屋健康定制

● 幸福创造家

● 好品质　更安全

德维尔

● 爱的感觉，家的选择

● 用科技创想家居生活

伊恋

● 全屋家具高级定制

● 伊你所愿，恋你陪伴

艾依格

● 定制高端衣柜，当然艾依格

- 艾依格，爱在此定格

伊仕利

- 整体衣柜，精致生活

- 生活可以更容易

帝安姆

- 新派定制家，小资开创者

左尚明舍

- 整体家居高级定制

伊百丽

- 预见，梦想家

- 全屋风格家具定制开创者

橱柜行业

博洛尼

- 定制高端生活方式

皮阿诺

- 科学艺术家居

金牌

- 更专业的高端橱柜

- 中国高端厨房领军品牌

佳居乐

- 智尚厨房

司米

- 整体橱柜，法国 1934

月兔

- 全屋定制匠造专家

德贝

- 生活品质典范

捷西

- 温馨家居智造者

好兆头

- 演绎多彩生活

木门行业

TATA

- 安静生活用静音门
- 我的安静生活
- 我的静音生活
- 简约的 TATA，简约的家
- 设计改变生活

梦天

- 高档装修，用梦天木门
- 好门，好梦，好生活

欧派

- 幸福家，欧派门

- 好木门，欧派造

大自然

- 我爱大自然

圣象

- 新木门新选择
- 时尚品质造就完美生活

霍尔茨

- 中华人民共和国生态原产地保护产品

楷模

- 纯手工制造，低调的奢华

欧铂尼

- 系出名门，为爱而开

3D 木门

- 德系木门，超级工厂
- 专为品质定制

美心

- 专心专艺，美心美家
- 中国健康木门倡导者

百年天天

- 加厚木门创导者

金迪

- 健康家装用金迪木门

双羽

- 创享生活，知行合一

千川

- 绿色千川，开启健康生活每一天

福缘

- 品质福缘，幸福家园

益圆

- 匠心智造　创新为你

开心

- 中国轻奢木门创导者

春天

- 把春天带回家

冠牛

- 善治佳木，从容掌门

尚品本色

- 为空间而生的艺术木门

万家园

- 万千细节，专为你家

星星

- 真健康，好生活

第十二章　不同类型市场特点与经营策略

中国的市场纵深太广太大，不同类型的市场有不同的市场环境，不同区域的市场也有不同的市场环境，企业很难用全国一盘棋的模式来做市场。

一、特级、一级城市运营策略

在这里，特级城市是指北京、上海、广州、深圳、杭州、南京等，一级城市是指天津、重庆、南京、哈尔滨、长春、沈阳、成都、长沙、武汉、济南等。特级城市每个区都是一个独立的商圈，主要的消费人群与消费属性都有所差别，甚至差别很大。当地的营销成本也特别高昂，而且特级城市的客流渠道分流现象特别严重。精装房、电商、整装、卖场分流、家装截流等现象错综复杂，直接导致在这样的市场不可能用单一的经营手法就可以达到目的。这类市场往往只有两类品牌企业能真正切入：一类是有实力的大品牌，一类是定位非常精准的特定品牌。定制家居行业的一般品牌在这类城市基本上都没什么作为。

作为单个经销商，往往很难凭一己之力进行突围。所以，在选品牌及与厂家的合作模式上，要有充分的考虑。对于综合实力强的大经销商，由于前期积累了相当的资金、团队、市场基础，有一定的条件进行系统化的市场运营。当然，完全采用创新的运营模式不太现实，最理想的是在原有条件上进行升级与合理转型。

对于正在发展的经销商或刚切入的经销商，由于客观条件限制，则需要更精准地寻找切入点，进行颠覆性的创新，因为按照传统的经营策略就等于在一条单行道上去超越别人，难度可想而知。

针对这一市场特点，"三粒米"给此类市场的经销商提出如下 4 点建议策略：

1. 巧布局

传统的布局策略是一城多店，根据品牌定位在相应的卖场进行开店。一线品牌的布局基本都已完成。接下来要做的是如何优化组合，在经营策略层面做进一步的升级。传统的布局方法基本都是"旗舰店＋标准店＋窗口店"的模式，但往往还是以"门店＋被动客流"的模式进行日常经营。随着大市场门店销售功能被相对弱化，这种开店方式的盈利能力越来越差，让经销商难以承受，有的甚至被这种模式直接拖垮。

现在，大市场经销商要开店，必须考虑到客户渠道相对碎片化的现象。传统的布局模式是以卖场的地理位置为核心参考标准，现在的布局模式要以功能定位为核心参考标准。具体来说，新开店布局模式是："明星店＋N 个标准销售店＋N 个郊区独立店"。

明星店，就是要把优势的人、财、物资源聚焦，全力打造出一个在当地有销售、有影响力、能形成品牌地标的店面。纵观现在诸多的大市场经销商，对于明星店的打造并没有在战略上主动设计，更多的是在天时、地利、人和的情况下被动形成。在自然客流日益分流的今天，能主动打造出这样一家店，是很考验经销商的综合能力。

标准销售店，主要是在能产生自然客流的卖场或相对应的位置所开的店；主要承担传统销售模式的功能，主要以门店销售附加店外营销为辅助的模式。这种店不太可能全都是盈利店，有的不盈利的店完全是因为应付卖场关系而开。这种店的布局参考往往是以地理位置的辐射为主要参考指标。

郊区独立店，大城市核心城区与郊区的市场环境是不一样的，而且郊区与郊区之间也有很大区别。因此，要把郊区当成一个独立的市场，设计一套独立的运营系统，以独立的团队机制运作。有不少经销商把主城区的操作套路完全搬到郊区市场，最后往往发现效果不好。

2. 全渠道营销

新行业环境下，靠单一渠道进行大市场的经营已经越来越难以支撑起日益提升的成本，以及有效应对日益激烈的市场竞争。大城市的全渠道营销不是简单的渠道的累加开发，也不是一个营销模式问题，而是一个公司的运营系统的问题。在做全渠道营销的过程中，我们有可能面对：产品分级对抗、价格分层拼杀、团队多维组合。

由于现在产业生态发生重大变化，各类企业都在进行盈利模式的变革与升级，原来的渠道合作模式也受到了挑战。比如，原来可以进行松散的利益交易合作的家装公司现在变成整装公司，产品经销商要么变成内部合伙人，要么变成深度战略合作商。房地产开发之前与产品经销商可能是做样板房的合作关系，或者是给产品经销商提供销售资源的关系，现在可能会变成工程合作关系或产品包的交付关系。配套商会成为一个行业的常规现象。也就是说，现在的经销商要学会进行渠道深度开发与运营合作的能力，松散的交易关系越来越受到挑战。大市场的二手房机也会越来越多，二手房潜力是很大，但最大的困难是入口比较分散，用新房子的聚集营销的方式做，估计投入性价比很低。这就需要经销商在线上推广、社区物业深度合作上采取更有效的模式。所以，全渠道营销已经是一种经营模式，而不只是一种销售手段。

3. 新营销

说起新营销，大家很容易想到运用新的营销工具，如微信、直播、微商城等。没错，这也是新营销的一种手段，但更重要的是我们要真正理解新营销的内涵，工具只是外在表现。引发定制家居新营销最明显的变化是三个核心要素：获客模式（引流）、购买体验与服务体验。

举个最简单的例子，2006 年笔者不经意间在家居行业发起第一场砍价会的销售模式，此后该模式在行业火了 10 多年。现在想来，这种模式火的原因就是消费者对家居产品的行业信息不对称，而在这种模式里面找到了某种不吃亏的心理安慰。这种模式近几年在大城市的效果开始逐年减退，核心原因是消费者的信息渠道不一样了，消费心态也不一样了。他们会选择各种渠道进行体验，而不仅仅是由商家专门指定。

原来的促销，只要定个时间，再进行粗鲁的广告与人员轰炸就可以达到预期的效果。现在这种方式越来越不见效了。不是促销无效，是单纯幼稚的促销方式消费者已经不感兴趣了。新营销的促销方式，就需要商家针对消费者的痛点（价格、空间、风格、装饰等）事前进行针对性地传播，消费者只有对符合痛点的促销传播才有兴趣互动，之后才会参与促销。这就是新营销下的促销模式转变。

4. 深服务

在定制家居行业，"营销就是服务，服务就是营销"。在行业环境日新月异的当下，这句话的含义更为深远。中国的消费者最显著的一个特征：内心接受无形的服务，但只愿意为有形的产品买单。随着消费意识的提升，消费者会发生一个变化：不会为你的营销买单，而愿意为你的服务间接买单。

笔者在本书中多次提到，定制家居行业现在的销售入口发生了很大变化。除了销售渠道的有形入口，还有一个更重要的隐形入口，即消费心智的入口，需要深服务去打开。当我们以前的获客比较方便、成本也不太高的时候，其实是没有必要在服务上加大力度的，因为服务也是成本，一旦获客成本高涨，服务就会成为一种性价比更高的获客方式。要做到深度服务，最重要的是经销商实现系统的公司化运营，有了强大的后台才可能实现。未来经销商的竞争就是系统与后台的竞争。因此，经销商就不能像以前那样只做销售层面的考虑，而要从系统的运营角度来设计。

这里举个旧房改造的例子。旧房改造模式的成功，一定是服务模式的成功，因为消费者对改造服务的需求一定要比你提供的产品需求更直接。对于消费者来说，旧房改造最大的痛点就是时间、费用、效果。下面是某品牌对于这种痛点的定位口号。

●致力于在最短的时间、用最少的费用、最大限度地改善客户的家居环境；

●改变家，就像换衣服一样简单。

要做到服务的规范性，首先是内部运营有规范标准，如图12-1、12-2、12-3与12-4所示。

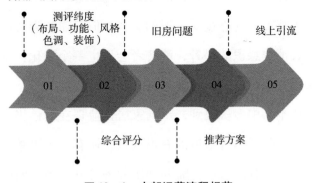

图 12-1　内部运营流程规范

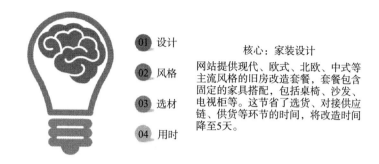

01 设计
02 风格
03 选材
04 用时

核心：家装设计
网站提供现代、欧式、北欧、中式等主流风格的旧房改造套餐，套餐包含固定的家具搭配，包括桌椅、沙发、电视柜等。这节省了选货、对接供应链、供货等环节的时间，将改造时间降至5天。

图 12 - 2　家装设计

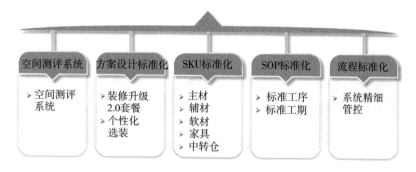

空间测评系统	方案设计标准化	SKU标准化	SOP标准化	流程标准化
➤ 空间测评系统	➤ 装修升级2.0套餐 ➤ 个性化选装	➤ 主材 ➤ 辅材 ➤ 软材 ➤ 家具 ➤ 中转仓	➤ 标准工序 ➤ 标准工期	➤ 系统精细管控

图 12 - 3　服务标准化

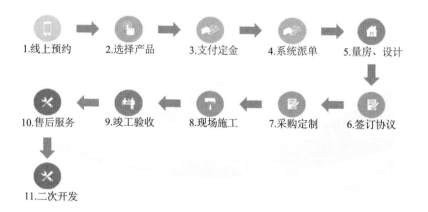

1.线上预约　2.选择产品　3.支付定金　4.系统派单　5.量房、设计

10.售后服务　9.竣工验收　8.现场施工　7.采购定制　6.签订协议

11.二次开发

图 12 - 4　服务流程

二、二级城市运营策略

为了便于大家理解，我们把常规的地级城市等同于二级城市级别。地级城市市场是边界相对比较模糊的一种市场类别。纵观中国改革开放以来的营销历程，品牌要么是定位中高端，设计出符合大城市市场的模式而取得成功；要么是定位中低端，设计出符合县城与农村市场的模式而取得成功。唯独地级城市市场让人颇费心思，因为地级城市市场的属性有点特别。

对于定制家居行业来讲，常规的地级城市基本上都有全国连锁卖场进驻，同时也有本地的传统卖场及建材街市场。发达地区的地级城市市场定位相对来说比较清晰，基本上可以考虑延用一级城市市场的策略，但大部分的地级城市市场的消费理念还处于过渡时期。因此，经销商在开店的时候经常会犯愁：在老卖场与新卖场之间如何选择？在品牌的产品定位与价格定位上如何取舍？

在这里，给出 3 个运营建议：

1. 开好店

什么是好店？理论上，好店就是在好的卖场找一个好的位置开一个形象好的店。这个道理大家都明白，但实际运作还是需要很多客观条件的。在地级城市市场，真正有大流量的往往只有一个核心卖场，这就成了各厂商的争夺对象。对于大品牌的大经销商来说，这个问题好解决，砸钱就好。而对于一线弱势品牌或当地区域品牌，则需要经销商或企业老板有超强的个人关系资源。另外，地级城市市场也是容易诞生区域小品牌的土壤，特别是华东区域一些发达的地级城市。在这种市场的布局，我们建议采取"主流卖场好店＋潜力卖场大店＋窗口引流店"的模式。

2. 攻渠道

这类市场的渠道还处于从初级阶段向规范化阶段过渡的时期，所以关系资源还起到很大的作用。一级市场的渠道合作商首先考虑的是品牌匹配度，再加上业务关系来催化。而地级城市刚好反过来。对于很多经销商来说，把某一渠道先做深做透，是较为现实的一种方式。

笔者团队在服务江苏无锡一个品牌经销商时，由于创始人是做家装公司出身，拥有一家核心家装公司的渠道资源，以此为切入点进行渠道营销。在没有卖场优势资源、品牌优势的情况下，从这一单点切入，站稳市场，之后进行渠道的规范化经营，向其他渠道进行扩张，再进行反向的零售延伸，最后成了当地的一个区域品牌。由此可以看出，在这类市场创始人本身的渠道关系做深耕也是一种直接的方法。

3. 精传播

精传播，可以理解为精准深度的传播，就是针对某一客户群体、某一渠道，或某一时间段集中资源进行传播。这是集中优势兵力打歼灭战的策略。最怕的是有的经销商把本不多的传播资源分散投入，结果钱花出去了却不见效果。

三、三四级城市运营策略

在这里，三四级市场主要指的是大部分县城。很多中小品牌的主流市场就是地级市场与县级市场。县城市场的主要特点：一是地理空间不大，市场容量有限，但品牌传播的到达率在某个时间段内会很高；二是消费者相对不太理性，攀比心理严重，消费层次不太高，高单值数量有限，但圈子一旦启动带动效果好。

由于行业发展的原因，定制家居行业大品牌在一二级市场完成了基本的渠道布局，为了业绩增长开始向下级市场渗透。而原本就以三四线市场为主要市场的中小品牌，原先由于竞争不激烈，都是由经销商自然生长，并没有真正把握好这些市场的经营模式的规律。因此，在面临这一冲击时出现危机。

基于县城的市场特点，运营县城市场相对简单直接。县城的营销核心抓住以下三点：

1. 开大店

在县城消费者的眼里，店大就是品牌大，有一个大门面的店直接就可以抵一块有效果的广告牌。所以，拥有一个大店比什么都强，况且县城的租金成本相对较低。县城几乎没什么主流的大卖场，不需要过多考虑布局结构的问题，只要找到合适的位置就可以布局。

考虑到营业收益问题，经销商在开大店时必须要有较全的产品结构，每个品类要有符合当地定位的核心品牌，不建议一个品类做多个品牌。将每个品类进行有效组合，争取让消费者在店里能一站式采购。县城的详细的布局与产品组合策略，大家可以关注"三粒米"教育的《顶级经销商》课程。

2. 做广告

在县城消费者眼里，除了店大就是品牌大，还有一个观念：广告响就是品牌大。在县城的宣传成本相对低廉，花较少的钱就可以让全城都看到，广告的覆盖效果要比其他类别的市场好做得多。近几年，农村消费者不断进城，经销商在做宣传时可以考虑延伸到乡镇。消费者在哪里，广告就在哪里。

在县城，传统的传播方式比较有效。因此，做广告的风格不用"玩高雅"，简单明了说明卖什么，是高档还是低档就差不多了。不同层级消费者的相对消费偏好对比，如表 12 – 1 所示。

表 12 – 1　不同层级消费者的相对消费偏好对比

群体	风格偏好	材质偏好	价格区间
高端	纯正欧美、经典中式、原创类	名贵实木、原木	15 万元以上
准高端	欧美、传统中式	中等实木、板木	5 ~ 10 万元

续表

群体	风格偏好	材质偏好	价格区间
中端	简欧简美、现代时尚中式	板木、板材	5 万元左右
准中端	抽象简欧简美式、模糊新中式	板材	3~5 元左右
低端	风格不太明显（现代简约）	普通板	3 万元以下

3. 做促销

越是不发达地方的消费者越喜欢热闹的营销。不同地域的消费者，对促销形式的偏好也不太一样，有的地方喜欢折扣优惠、有的地方喜欢金额优惠、有的地方喜欢赠品优惠，具体要看当地的习惯。针对县城消费者喜欢热闹的营销特点，促销的定义如图12-5所示。

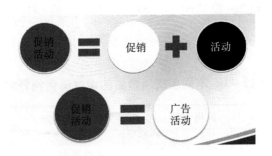

图 12-5 县城市场的促销定义

也就是说，做促销不能只想着如何给消费者什么优惠，还得有让他们参与的活动形式，如抽奖。还有就是要把促销活动当广告来做，借着促销活动进行造势，达到在县城传播品牌的目的。

【附录】广州市场分析

1. 广州市场基本概况

与国内重点城市相比，广州 GDP 总量位居第三，只低于上海、北京，增速低于重庆、天津和深圳，高于其他城市。广州家庭月平均支出额为 5353.39 元，住房及家具消费占比 12.9%。如图 12 - 6 所示，广州市 2016 年年底有常住人口 1404.35 万人，

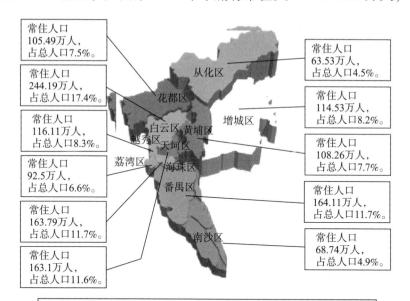

常住人口 105.49万人，占总人口7.5%。

常住人口 244.19万人，占总人口17.4%。

常住人口 116.11万人，占总人口8.3%。

常住人口 92.5万人，占总人口6.6%。

常住人口 163.79万人，占总人口11.7%。

常住人口 163.1万人，占总人口11.6%。

常住人口 63.53万人，占总人口4.5%。

常住人口 114.53万人，占总人口8.2%。

常住人口 108.26万人，占总人口7.7%。

常住人口 164.11万人，占总人口11.7%。

常住人口 68.74万人，占总人口4.9%。

从化区　花都区　白云区　黄埔区　越秀区　天坷区　荔湾区　海珠区　番禺区　增城区　南沙区

截至2016年年末，广州市常住人口为1404.35万人，白云区常住人口最多，为244.19万人，然后依次是番禺区、海珠区、天河区、越秀区、增城区、黄埔区、花都区、荔湾区、南沙区、从化区。
人口密集的区域，住房需求和顾客流量更旺盛，对家居定制企业而言，是考虑门店选址的首位要素。

图 12 - 6　广州市各区人口总量分布

白云、番禺、海珠等区域常住人口最多。近期政府公布，计划未来3年常住人口增量199.89万。大规模人口增长就意味着人口红利，未来3~5年广州定制家居市场将保持稳健增长趋势。

第一，人口结构分析，如图12-7所示。全市家庭450.04万户，户均2.75人，是定制家居行业的目标客户。

性别比例：男性691.78万人，女性658.33万人，性别比为105.08。近七成女性对家居购买有决定权力。

在年龄段方面，全市常住人口中，0~14岁人口为175.27万人，占12.98%；15~64岁人口为1068.22万人，占79.12%；65岁及以上人口为106.62万人，占7.90%。部分家居定制企业另辟蹊径，开发有关儿童房和老年房的家居产品。

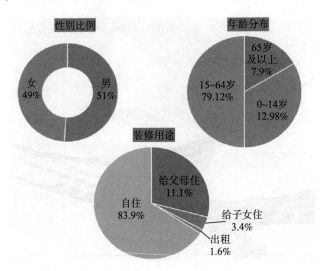

图12-7 广州市人口结构分析

第二，家庭消费习惯，如图12-8所示。《2015年广州市居民消费信心与消费环境调查报告》指出，广州家庭月平均支出额为5353.39元。受访者在过去一年家庭消费支出排第一位的是教育18.7%，其次是住房及家具12.9%，其他各项依次是旅游11.2%、医疗9.7%、汽车9.6%。

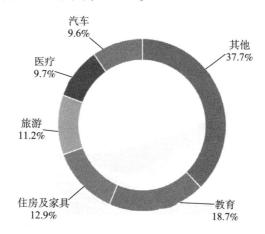

图12-8　广州市家庭消费习惯

第三，广州家居消费特征，如图12-9所示。

图12-9　广州市家居消费特征

2. 广州定制家居市场规模预测

家居定制市场规模主要来自两个方面：新建住宅商品房交易

和存量房交易。如图 12-10 所示，据阳光家缘网统计，2016 年广州市新建住宅商品房网上签约 128405 套，存量房交易 129923 套，合计约 25.8 万套。2016 年成交达到历史高位，受调控政策影响，2017 年成交面积有所回落，即 2017 年住宅商品房成交量 ≤25.8 万套。

图 12-10　广州市装修房套数

衣柜市场：2014 年定制衣柜市占率约 33%，考虑衣柜的普及和定制衣柜占比的提升，占有率每年提升 4%。100 平方米/套住房平均房间数 2~3 个，国内索菲亚、好莱客等 1.8×2 米标准柜价格在 5000~8000 元，衣柜客单价 1.2 万~1.5 万元，我们以定制衣柜消费 1.2 万元/套计算。

橱柜市场：2014 年定制橱柜市占率约 60%，每年提升 3%。据调研，地柜 4 延米 + 吊柜 2.5 延米 + 台面 4 延米是主流橱柜柜形。国内品牌欧派、志邦等橱柜售价 1.5 万~2 万元，我们以橱柜售价 1.5 万元/套计算。

其他柜体：2014 年定制衣柜包括书柜、酒柜、鞋柜、电视柜等，市占率约 5%，预计每年提升 5%，其他柜体消费以 1.5 万元/套计算。

如表 12-2 所示，2017 年广州家居定制市场的规模预估达

52.8 亿元。

表 12 - 2　2017 年广州家居定制市场的规模

预计 2017 年广州家居定制市场理想规模达 52.8 亿元！			
项目	定制市场 占有率	定制销量 （万套）	定制价格 （零售价/万元）	定制市场规模 （零售价/亿元）
衣柜	49%	12.6	1.2	15.1
橱柜	72%	18.6	1.5	27.9
其他柜体	25%	6.5	1.5	9.8
合计				52.8

3. 广州 2017 年房地产情况综述

整体看，2017 年 3 月后，数据逐渐开始反映出调控影响，成交量持续走低，"红五月"成交量全面滑坡，市场开始进入调整期。5 月，广州全市商品房共计成交 113.14 万平方米，环比下跌 22.34%，同比下降 40.35%；商品住宅共成交 7002 套，面积 79.25 万平方米，环比下跌 10.38%，同比下跌 45.79%。

价格方面，5 月广州商品房成交均价 17373 元/平方米，同比上涨 10.57%；商品住宅成交均价为 16350 元/平方米，同比 2016 年 5 月的 15272 元/平方米增加 1075 元/平方米，同比上升 7.04%。

楼市成交量的持续走低，一方面是政策效应凸显的结果；另一方面也与产品入市放缓密切相关。数据显示，广州楼市现有存量 6.16 万套，去化周期仅存为 6 个月，市场存货严重不足。

广州 2017 年的土地供应计划现实，新增供应用地 260 宗，用

地面积达 2050 万平方米，同比 2016 年的 1730 万平方米增加了
18.5%。其中住宅用地（含商住）65 宗，总出让面积为 547 万平
方米，比 2016 年的 482.5 万平方米增加了 19%。

2017 年广州房地产发展趋势，如图 12－11 所示。

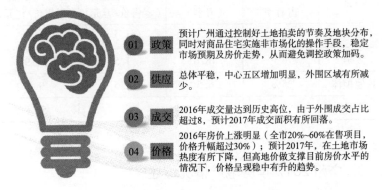

图 12－11　2017 年广州房地产发展趋势

2017 年定制家居企业目标楼盘，如图 12－12、12－13 所示。

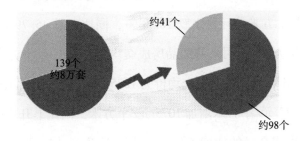

图 12－12　2017 定制家居企业目标楼盘之新旧项目

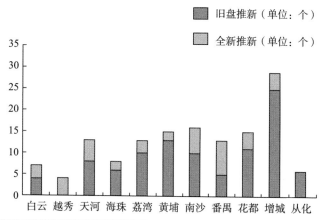

旧盘推新（单位：个）

全新推新（单位：个）

中心五区	外围区
2017年中心五区预计有45盘推新；荔湾区及天河区新货最多，各有13个项目推新；其次就是海珠区，有8个楼盘推出新货，而一向缺货的白云区和越秀区都有部分产品推出。	2017年外围区大概有94个楼盘推新；增城区依旧是"东大仓"，预计29个项目增加供货，位列全市第一；其次是南沙区，有16个项目预计推新；而黄埔、花都预计有15个项目推出新品。

图12－13　2017年定制家居企业目标楼盘之区域

家居定制产品的对象类型，如图12－14所示。产品方面，依然是以洋房为主，公寓保持稳定供应，别墅项目有所增多。

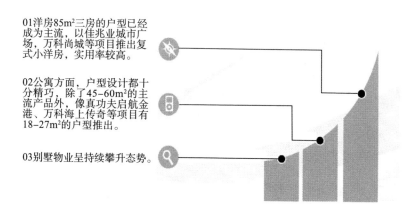

01洋房85m²三房的户型已经成为主流，以佳兆业城市广场，万科尚城等项目推出复式小洋房，实用率较高。

02公寓方面，户型设计都十分精巧，除了45-60m²的主流产品外，像真功夫启航金港、万科海上传奇等项目有18-27m²的户型推出。

03别墅物业呈持续攀升态势。

图12－14　家居定制产品的对象类型

　　各区新推楼盘小结，如图 12 - 15 所示。超过九成新推的住宅商品房是精装房，房地产开发商和装修公司率先尝到市场大蛋糕。家居定制企业一方面要争取与房地产龙头企业形成战略合作联盟；另一方面社区和楼盘推广要有针对性，抓住顾客的"胃口"。

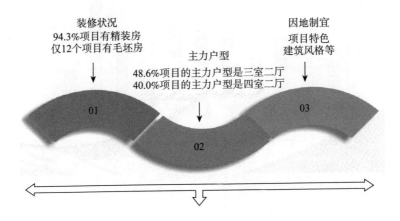

图 12 - 15　广州市各区新推楼盘小结

　　家居定制企业的机会分析，如图 12 - 16 所示。

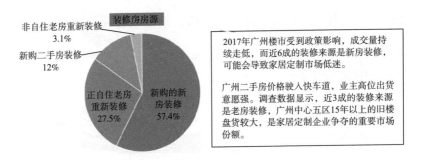

图 12 - 16　家居定制企业的机会分析

4. 广州二手房数据分析

　　挂牌量方面，如表 12 - 3 所示，2017 年 5 月，广州二手房网总挂牌量为648827套,全市环比下降6.05%;天河和番禺是房源库存较多的区域,挂牌量均超过11万套;从环比变化看,中心区中越秀和天河房源库存明显减少,分别环比下降34%和10%,其余中心区如海珠、荔湾、白云挂牌量也呈现跌势;外围区挂牌量相对充裕,涨幅较大的有花都、南沙两区,环比分别上涨12%和6%。

网签量方面,5月份全市二手成交8196套,环比4月减少17%,同比下降4.6%。网签量前三名的区县依次是番禺、增城和海珠,市场占比分别为20.19%、11.59%和11.58%。5月份以来,市场观望情绪浓厚,后市或维持低成交走势。

表 12-3 广州市二手房市场数据(2017年5月)

广州市二手房市场数据(5月)				
区域	挂牌量	挂牌量增幅	网签量	网签增幅
天河区	106141	-10.85%	745	-10.20
越秀区	49750	-34.10%	542	-14.51
海珠区	77728	-3.40%	949	-19.51
荔湾区	33383	-1.48%	613	-13.05
黄埔区	37054	0.43%	287	-4.65
白云区	64492	-1.78%	937	-11.10
番禺区	14291	-0.88%	1655	-13.71
增城区	72797	-3.57%	950	-17.82
花都区	28632	12.52%	850	-30.16
从化区	12509	2.73%	427	-25.74
南沙区	26430	6.27%	241	-13.00
全市	648827	-6.05%	8196	-17.25

二手房户型和面积关注度，如图 12 – 17 所示。户型和面积是家居定制企业开拓市场的指南针，只有了解了顾客的真实需求，才能提出符合消费者意愿的预案。户型方面，5 月份购房者关注的二手房户型为 3 居户型，搜索占比为 44%，环比下降 2 个百分点。面积方面，4 月份 70 ~ 90 平方米是最受关注的面积区间，5 月份 90 ~ 140 平方米成为最受关注的面积区间，搜索占比为 51%，环比上升 8 个百分点。

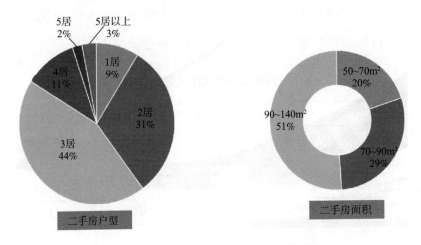

图 12 – 17　广州市二手房户型和面积关注度

二手房家居定制目标楼盘，如表 12 – 4 所示。广州市进入存量房时代，2016 年存量房交易约 13 万套，占全年住宅商品房交易量 50.4%。二手房价格驶入快车道，业主高位出货意愿强，是现阶段提升家居定制业绩的重要战场。依据关注热度和商圈分布，可划分为二手楼盘关注排行 TOP10、热门商圈和热门楼盘等，确定家居定制市场的目标群体。

表12－4 二手房家居定制目标楼盘

关注二手楼盘排行 TOP10				
排名	楼盘主名	区域	商圈	关注热度
1	祈福新村	番禺	祈福	2307
2	保利天悦	海珠	琶洲	2248
3	万科东荟城	黄埔	开创大道	2207
4	骏景花园	天河	棠下	2199
5	中海誉城	黄埔	开创大道	2778
6	雅居乐剑桥郡	番禺	广州雅居乐	2061
7	岭南新世界	白云	白云大道北	1979
8	广州碧桂园	番禺	南浦	1820
9	星河湾	番禺	星河湾社区	1760
10	南沙碧桂园	南沙	金州	1688

5. 广州家居定制名企及渠道

广州定制家居企业分布图，如图12－18所示。

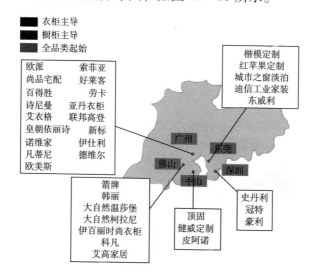

图12－18 广州定制家居企业分布图

定制渠道——大型家居城，如图 12－19 所示。

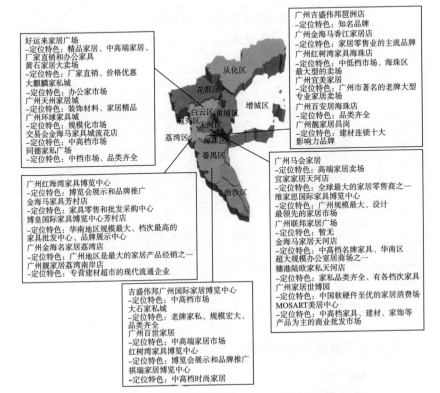

图 12－19　广州市定制渠道——大型家居城

定制渠道——装修公司，如图 12－20 所示。装修公司是家装

各区TOP装修公司

区域	名称	设计方案	全部工程量
黄埔区	广州华缘装饰设计工程有限公司	19	19
	广州凯生源馨装饰工程有限公司	11	12
增城区	广州亦然居装饰工程有限公司	130	211
	广州市宏泽装饰工程有限公司	18	54
	广州市亿晋装饰工程有限公司	13	13
	广州市新起点装饰工程有限公司	10	10
	广州祥寓装饰工程有限公司	20	20
越秀区	壹迎门乐家装饰设计工程有限公司	68	207
	广州美芦装饰设计有限公司	6	34
	广州伊格装饰设计有限公司	10	26
	广州独各布装饰工程有限公司	18	20

各区TOP装修公司

区域	名称	设计方案	全部工程量
白云区	广州诺艺装饰设计工程有限公司	134	285
	广州市绵宇装饰设计有限公司	9	16
	广州市雅器装饰设计有限公司	13	29
番禺区	广州轩怡装饰设计工程有限公司	522	1071
	广州聚轩装饰工程有限公司	194	374
	广州市雅轩装饰设计工程有限公司	40	108
	广州市金环装饰工程有限公司	108	128
	广州市众司装饰设计有限公司	32	94
花都区	广州市有巢氏装饰工程有限公司	59	205
	域丰装饰工程有限公司花都分公司	96	331
	广州大映像建筑装饰工程有限公司	16	29
	广州市芙蓉装饰设计工程有限公司	10	13
	广州市零度装饰设计工程有限公司	20	20

各区TOP装修公司

区域	名称	设计方案	全部工程量
天河区	广州市两手硬装饰工程有限公司	487	912
	广州绣艺装饰工程有限公司	71	178
	广州梵象装饰设计工程有限公司	26	97
	广州九通装饰设计工程有限公司	18	103
	广州翰哲装饰工程有限公司	100	158
海珠区	广州钿亚装饰工程有限公司	58	212
	深圳市星齐辉装饰工程设计有限公司	19	59
	广州藻艺装饰工程有限公司	25	33
	广州众方装饰设计有限公司	11	11
	广州东着装饰工程有限公司	29	52
荔湾区	广州拓晋装饰工程有限公司	12	15
南沙区	广州市第二装修有限公司南沙分公司	4	17
从化区	广州美味人生室内装饰有限责任公司	7	11

图 12－20　广州市定制渠道——装修公司

主流入口，也是家居定制企业关键渠道。聪明的家居定制企业必定会与有合作性价比的装修公司达成战略同盟。

6. 定制家居企业的宣传推广途径

宣传推广策略，如图 12-21 所示。

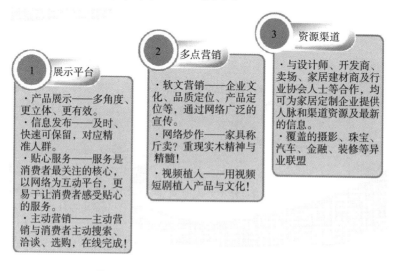

图 12-21 定制家居企业宣传推广策略

网络传播渠道，如图 12-22 所示。

·房产频道	·生活频道	·家居频道
·专业数据：第一时间获取楼盘开盘、交付、消费定位等精准数据。 ·开发商：良好的合作关系，提供工程采购信息渠道。 ·线上社区：人气社区平台，家居建材下游直接获取资源。	·业主关注：从"衣食住行"着手，生活化、本土化，业主黏度高。 ·更多渠道：金融、婚庆、汽车、亲子……为市场提供人脉和信息渠道，为市场人性化管理和服务提供便捷信息。	·品牌宣传：专业、深刻、创新的媒体手法，为市场造势。 ·线上炒作：充分利用新媒体特点，借互动助品牌赢取更高关注度。 ·业内资源：行业协会、设计师一流人脉资源，助品牌在业内赢得口碑。

图 12-22 定制家居企业宣传网络传播渠道

大众媒体资源，如表 12 - 5 所示。

表 12 - 5　大众媒体资源

媒体数量	媒体分类	分类数量	版面/频道	媒体名单
大众媒体 37 家	报纸	11	新闻、经济、科技、生活等	广州日报、羊城晚报、南方日报、信息时代、新快讯、粤港信息日报、南方都市报、21世纪经济报道、广州青年报、新现代画报、周末画报
	杂志	7	时事生活、城市小资、高端精英	新周刊、南风窗、城市画报、可乐生活、南方人物周刊、名牌、生活元素
	电视	10	新闻、经济、娱乐、生活等	无线翡翠、明珠、亚视本港、凤凰卫视、央视、南方电视台、广东电视台、广州电视台、星空电视台、华娱电视台
	广播	5	新闻、经济、娱乐、生活等	广东电视珠江经济广播电台、广东电台羊城交通广播台、广东电台音乐之声、广东电台城市之声、广东电台南方生活广播
	户外	4	广告	白马、分众、华视、地铁广告公司

网络媒体资源，如表 12 - 6 所示。

表 12 - 6 网络媒体资源

媒体数量	媒体分类	分类数量	版面/频道	媒体名单
知名网媒 90 家	综合门户类	25	新闻、经济、科技等	新浪（新闻、旅游、时尚、新浪广东）、搜狐、网易、腾讯、凤凰网、雅虎、TOM 网、MSN、人民网、和讯、慧聪网、光明网、新华网、中国网、中华网、青年网、北青网、中国企业新闻网、千龙网、品牌中国网、中国广播网、中青在线、国际在线、阿里巴巴、焦点中国网
	华南区媒体	8	新闻、经济、科技等	南方网、金羊网、南方都市网、广东视窗、大洋网、深圳经济网、深圳信息港、深圳之窗
	社交类平台	15		开心网、QQ 空间、腾讯朋友、ChinaRen、百度空间、新浪微博、腾讯微博、搜狐微博、豆瓣、人人网、知乎、猫扑、中关村在线、21CN 社区、ZEAL-ER 社区
	综合社区	20		百度贴吧、天涯社区、猫扑大杂烩、新浪论坛、热门贴吧、搜狐社区、凯迪社区、华声论坛、大旗网、水木社区、西祠胡同、强国论坛、凤凰论坛、新华网论坛、西陆社区、网易论坛、中华网论坛、猫扑贴贴、豆瓣、互动中国社区
	视频	22		乐视、腾讯、优酷、土豆、迅雷看看、56 网视频、酷 6、爱奇艺、百度、搜狐、PPS、新浪、CNTV、PPTV、风行网、电影网、第一视频、爆米花、百度影音、YY 直播、播视网、搜视网

自媒体平台，如表12 –7 所示。

表 12 –7　自媒体平台

序号	名称	粉丝数量	序号	名称	粉丝数量
1	广州百事通	25w	1	旅行微吧	20w
2	羊城网	20w	2	广州本土网	20w
3	广州微生活	12w	3	潮叹广州	11w
4	广州情报站	3w	4	潮玩广州	21w
5	羊城攻略	16w	5	幸福广州	53w
6	最广州	12w	6	it 手机频道	20w
7	最 in 广州	5w	7	微博广东荟	26w
8	广州高校资讯	3w	8	IT168 华南	90w

第十三章 二三线定制企业如何走好涅槃之路

一、一直都没停止努力的二三线品牌

一线品牌都"玩"资本了，跨界品牌都"玩"整合了，小品牌都"玩"个性了！

老资格的二三线品牌该做点什么呢？

这里说的二三线品牌，是指那些陪伴定制家居行业一起成长起来的企业。他们见证了这个行业的发展历程，有着深厚的行业底蕴和务实的企业精神。也正是他们的努力，默默地推动了中国定制家居有了现在蓬勃的发展。

中国定制家居发展历程简要，如图13-1所示。

随着行业加速向前发展，原来同时起步的伙伴们也就出现了明显的规模与影响力差距。我们不能说是因为这些企业做得不好，或者是在经营上有什么可以让局外人指指点点去评判的地方，而是说每个企业与企业家都有自己的价值观与发展轨迹。作为咨询顾问的笔者，同样也不能做任何武断的结论与评判，如果能尽些绵薄之力，帮助他们更快地进步，才是我们最大的愿望。

一个企业的成功，需要有N个必然与偶然的因素来促成，但只要在关键的时候做错或者少做一件事，就有可能导致一个企业

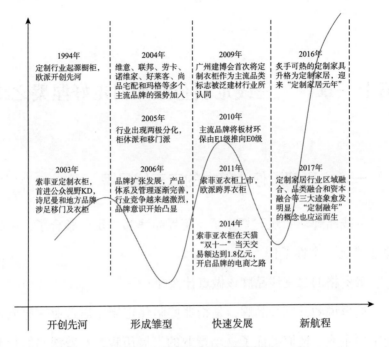

图 13 - 1　中国定制家居发展历程

的失败。

在定制家居行业发展过程中，我们看到太多这样的案例。并不是这些企业不努力、不上进，而是在关键的发展环节不经意地忽略了一些看似不重要的战略动作。同样的动作在不同的时间去做，影响和意义是完全不一样的。这其实是一个企业经营的哲学问题。

每一个个人，大成的英雄毕竟是少数！每一个行业，大成的企业也毕竟是少数！

但正是有了这么多平凡的个人才让英雄有了更广阔的舞台！正是有了这么多平凡的企业，才让优秀的企业有了更伟大的成就！

当大多数人把注意力、鲜花与掌声都聚焦在成功企业身上的时候，也应该有更多的人把力量赋能在这些同样优秀的二三线品牌身上。

岸上的观众欢呼声再大，都无法知道在水里游泳的人脚底下真正踩到了什么！

笔者在咨询中，有不少时间近距离地与这些企业打交道。在定制家居行业发展的磕磕碰碰中，是这些企业在不断地试错、不断地探索、不断地交学费，这才有了现在定制家居行业产品的不断升级、商业模式的不断完善、消费者市场认知度的不断提升。

有很多企业家因为交货等问题，不断地受到一线经销商的质疑与埋怨，有的甚至连经销商会议都变成了老板批斗会。更有甚者，由于行业的不规范，品牌号召力不够，总部话语权不强，不断地花人力、财力对一线进行支持，换来的却是一次又一次的"飞单"，甚至"飞单"也成了终端经销商的一种盈利模式。

毫不夸张地说，能走到今天的定制家居行业白手起家的企业家们，是一群拥有包容胸怀的人。

二、二三线品牌的战略恒定

事实归事实，但现实就是现实！在行业日益繁荣、竞争干扰不断、环境日趋多变的当下，苦劳并不一定能带来功劳。

有的企业具备再次做大的基因与条件，有的企业只具备做深做精的条件，有的企业只具备曲线发展的条件。对此，企业必须对自身有个清醒的认知。

某橱柜企业是个曾经辉煌过的老牌企业，由于客观原因从辉煌暂时跌落到低谷。在疲软经营的几年里，尝试过各种方式，包括产品升级、聘请人才、渠道改革等，但终究还是没能达到理想的目标，最后决定引进战略投资进行合作，为企业来一次本质上的升级赋能。这就是一次战略上的涅槃。

某个定制企业曾经是当之无愧的十大品牌之一，但在行业高速发展时期，由于企业自身的经营系统没做战略性的主动升级，企业只是随着行业推动的惯性保持着缓慢的增长。显然，用几年前的企业配置来应对每年的增长，一定会达到极限而支撑不了。这家企业中途有几次想放弃经营，但看着行业的红利期这么好，又不甘心，继续经营；之后，又想寻求收购，但由于各种原因没有实现，转而又开始投入继续经营。这就是典型的战略懒惰与不恒定，让企业在前进与停滞之间不停地徘徊。

因为战略上不确定，直接就会导致企业在投入与战术上的摇摆不定，让团队与合作伙伴也会跟着摇摆不定。这比一次主动犯错还可怕。主动犯错还知道总结，知道今后怎么规避。而这种战略上的不确定，就是后果再严重都不知道问题出在哪里。

对于当前情况来讲，二三级企业的战略方向有三个：

1. 守住阵线，发挥专长

任何战略都是基于企业与老板自身的基因。离开这点，任何战略方法论都只是一个理论。一些企业家有自己的特长，也有明显的劣势，不能用简单的对与错来评价。

即使这样，也还是要有战略的。好的战略可以把自身最擅长的领域做到极致，劣势用最安全的方式进行规避。比如，有的企业就擅长内部管控，不擅长营销与运营，那么就把效率做到极致，成本降到极致，让企业的盈利能力在行业红利期达到最佳状态，最后可以用资本的方式进行兑现。这是发挥木桶的长板理论，这是性价比最高的赚钱模式，对于保守型、年纪偏大的企业家来说，是个不错的战略选择。

2. 立足优势，取长补短

有的企业有一定的销售规模，相对稳定的团队与渠道资源及基础的运营系统，只是在过去的经营过程中没有与时俱进地升级。因此，不具备做大做强的条件。想要做强，具体有两种方式：一是老板重新界定战略目标，设计运营机制，培养与引进职业化的操盘团队进行企业再造；二是寻找合适的优势互补的企业进行战略重组，利用两个企业的优势，发挥更大的效率，从而实现企业的转型升级。

3. 强化筹码，资本推动

定制家居行业处于风口，有不少有资本、有能力的团队或机构愿意对这个行业进行战略投资，但前提是企业本身得有筹码，要不没人感兴趣，要不就是沦为"家奴"。

这种方式其实就是借东风，一是借资本，二是借资源，三是借人才。

总之，如果经营多年的企业由于自身的能力不能突破内部瓶颈，死磕这条路是不太可取的，因为时不我待。

三、二三线品牌的产品精进

一直以来，产品性价比是二三线品牌能在市场立足的一个很重要的优势条件。当行业的不少企业综合实力越来越强的时候，主要依靠产品优势作为核心竞争力的二三线品牌更需要比别人跑得更快。

大企业可以做行业标配的产品类型，用品牌影响力就可以进一步拉动销售。二三线品牌在未来的市场角逐中需要做到产品的标签化，通过产品进行品牌标签的识别从而增强营销的竞争力。

消费者对家居定制空间的偏好度，如图 13 - 2 所示。

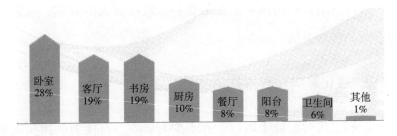

图 13 - 2　消费者对家居定制空间的偏好度

消费者家居定制产品的偏好度，如图 13 - 3 所示。

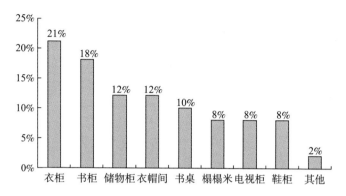

图 13 - 3 消费者家居定制产品的偏好度

调查显示，不同的消费者喜欢定制不同的家居产品，其中，21%的消费者喜爱定制衣柜、18%的消费者喜爱定制书柜、12%的消费者喜欢定制储物柜和衣帽间。

影响消费者选择家居定制的因素，如图 13 - 4 所示。

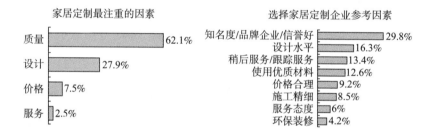

图 13 - 4 选择家居定制影响因素

选择家居定制的消费者风格偏好，如表 13 - 1 所示。

表 13 - 1 家居定制消费者风格偏好

群体	风格偏好	材质偏好
高端	纯正欧美、经典中式、原创类	名贵实木、原木
准高端	欧美、传统中式	中等实木、板木
中端	简欧简美、现代时尚中式	板木、板材

群体	风格偏好	材质偏好
准中端	抽象简欧简美式、模糊新中式	板材
低端	风格不太明显（现代简约）	普通板

相对来说，二三线品牌由于销售规模不太大，运营灵活度较高，如果能针对典型市场或典型的消费群体开发相应的产品进行营销，则可以形成相对差异化的竞争优势。

四、二三线品牌的团队职业化打造

企业的经营，最终还是对人的经营。大部分没有壮大起来的企业核心问题还是出在人上面。笔者与不少企业进行深度合作时，开始是想着要解决企业的营销问题的，可真正切入的时候，更多的时间却花在了帮企业解决团队问题的"副业"上面。

我们发现，很多企业家花在经营人的时间往往少于在业务上的时间。为什么根源问题在人上面，而企业家非要找咨询机构解决营销上的问题呢？

这是企业自身的视觉盲区。当然，不是说企业没有存在营销问题。我们采用的方法往往是营销、团队的问题同步解决。

解决团队问题，就是如何让团队达到职业化水平的问题。因此，企业如何培养人才、训练人才、提升人才，实现人才梯队持续性建设，培养出优秀的职业化、专业化的人才，这是核心的关键所在。

为适应未来的加盟商管理需求、越来越快的品牌扩张，公司要从单纯的营销人才结构向更多元化的销售、市场、运营、服务多方面的人才教育技能结构进化与升级。建立完备的人才循环、人才储备、人才教育是品牌发展的核心驱动力，如图 13－5 所示。

图 13－5　品牌发展的人才驱动机制

团队职业化的目的是让工作开展与协同更高效，各职能岗位必须按专业要求进行岗位技能培训与考评，各个岗位承担营销链条中的不同模块进行工作对接，如图 13－6 所示。

图 13－6　团队职业化的方向

公司具备培养人才的平台与能力，是决定连锁发展的根基，只有按企业自己的文化培养出属于自己的人才，才能将自己的品牌与管理有效地输出。让优秀的人才在体系内不同的阶段都能找到发展平台，形成良性的人才循环体系与模式，这是企业保持竞争力的重要因素，如图 13－7 所示。

还要让更多优秀的人才用不同的方式为我们的品牌服务，产生相应的价值，而不仅仅是简单的雇佣关系。工作结果是企业最关心

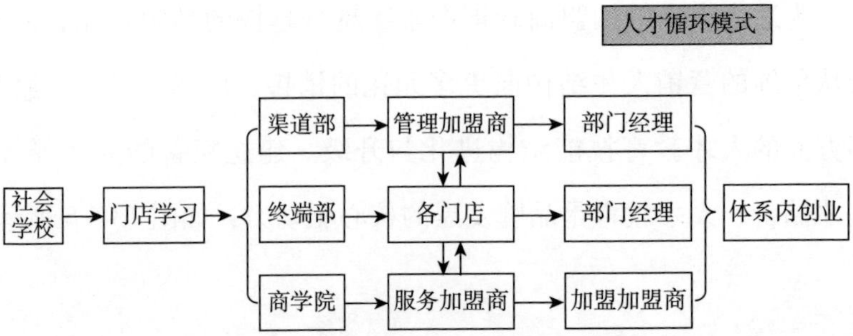

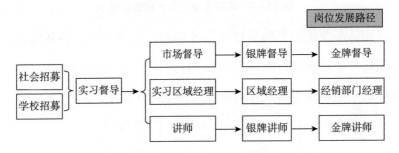

图13-7 企业人才循环模式

的，职业生涯规划是员工最关心的，要真正发挥团队的积极性，职业生涯规划是激励机制中很重要的一部分，如图13-8所示。

图13-8 人才岗位发展路径

五、二三线品牌的渠道升级

对于大部分二三线企业来说，渠道的数量与质量都是需要提升的。

渠道的经营管理是连锁管理模式最重要的环节之一，但由于定制家居行业管理模式相对落后，不少企业在这上面投入的资源与关注度还需要加强。

渠道管理的核心思想，如图 13－9 所示。

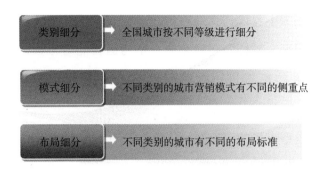

图 13－9　渠道管理的核心思想

从现状看，大部分企业在对渠道的管理还比较粗犷，主要是因为总部的团队与管理模式不系统、不强大。但中国的市场状况又千差万别，不做细分管理，很难达到终端市场真正的有效经营。

针对细分市场进行渠道管理模式与政策的设计，是二三线品牌进行渠道升级的最有效方法。定制行业主要的渠道模式，如图 13－10 所示。

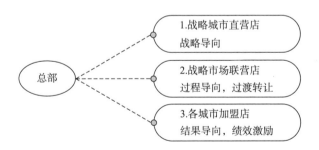

图 13－10　定制行业主要的渠道模式

每个企业都有适合自己的特定模式，不能照搬照抄所谓别人的成功模式，因为每个企业特长的基因不太一样。有的企业是做零售出身的，那么对直营终端的管控就有自己独特的优势；如果一个对终端根本就没什么经验的企业，大规模开直营店的市场风险系数就很高。同样，有的企业资本与运营能力很强，那么用城市的合伙人的模式进行加盟渠道的扩张，可能成功系数就高很多。

不同类型市场的渠道布局标准，如图 13 – 11 所示。

战略市场在有必要的情况下直营。

图 13 – 11　不同类型市场的渠道布局标准

不同市场要有不同的布局标准与策略，这样就会更科学地指导企业招商部门进行合理地招商，也能指导经销商合理地在当地进行规划布局。

渠道管理还有一个重要的环节，是对公司样板市场的管理与运营。对于一个以渠道为依托，以终端营销为主要模式的企业来讲，样板市场就是撬动地球的那个支点。样板市场不仅是企业的脸面，更是企业内功的外在表现，像人体的健康迹象在面部的表现一样。

样板市场有形象样板市场、管理样板市场、营销样板市场、综合样板市场四大类型，不同样板市场的选择、运营、复制都拥有各自的特点。

纵观家居建材类企业，特别是有发展瓶颈的企业，能通过自己主动打造出来的样板市场还真的不多，要么是运气好造就的，要么是经销商通过自身的努力做得好，从而被企业拿来当样板的。

为什么这么难以主动打造出样板市场呢？主要原因在于主观意识与营销能力不够。而营销能力不足主要是因为企业对终端营销不太了解或缺乏相应的人才。

无论企业提倡什么营销模式或商业模式，一定要经过实践的检验才算是真正可行的模式。而衡量这个实践的唯一标准就是通过样板市场来认证。

六、二三线品牌的品牌再造

品牌的打造，也是二三线品牌比较薄弱的地方，甚至可以说，过去整个定制家居行业对品牌整体塑造的力度都是不够的。

随着行业越来越透明与成熟，经销商的投资选择越来越理性，直接表现在选择品牌加盟的理性上，会根据地当地具体的特点来选择适合的品牌进行加盟。所以，二三线品牌要有清晰的消费群体、目标市场、核心诉求、盈利模式、企业发展的画像，再与相应的经销商进行对标，不然很难吸引到真正有思路、有实力的经销商加盟。

消费者的选择也越来越有明确的指向性。如果一个品牌的产品标签、品牌标签、价值标签没有清晰的画像，品牌的价值信息没有在终端与消费者形成有效的互动，销售会变得非常被动。

不过可喜的是，近几年不少品牌开始在这方面摸索，越来越多的企业开始投入，签约明星代言，在机场、高速做广告，在互联网线上进行传播。但仅有"烧钱"的决心是不够的，品牌再造并不完全等同于广告的投放。具体来说，品牌再造需要做到如下四点：

1. 要有准确的消费者画像

对于已经有较强影响力的品牌，除了特别高端或特别低端，基本不会严格地区分消费者，因为他们有条件去追求消费群体的规模化。

但对于品牌影响力相对较弱的二三线品牌来讲，就有必要进行细分，而且这种细分的前景非常大。与细分群体的对接，是二三线品牌在某阶段很重要的品牌策略。因为现在的年轻人追求个性化，未来中国每一个行业都会出现无数个小品牌。小众品牌、圈层化品牌将会成为未来中国消费者的主要选择。

2. 要有清晰的产品画像

未来的消费者有一个很重要的消费属性变化，即更多的是为他们喜欢的产品买单，而不是为品牌买单。不同消费群体有不同的尖叫点和痛点，企业要做的是针对这些尖叫点与痛点，将"产品+服务"的属性翻译成消费者能接受的信息进行传播。比如，从品牌包装的角度，把产品的标签包装出来，让消费者能看得明白、看得喜欢。

如图 13 - 12 所示，由于家居行业整个服务环节较长，消费者面对的痛点也非常多。

图 13 – 12 家居行业的完整流程

消费者的核心痛点，如图 13 – 13 所示。

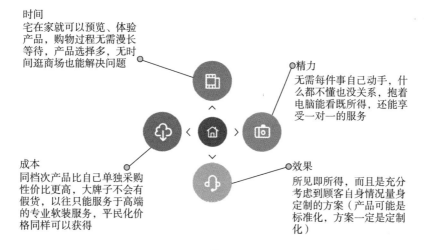

图 13 – 13 消费者的核心痛点

针对以上核心痛点，企业可以根据自身的产品做挖掘与延伸，就避免了在品牌传播时的泛泛而谈。

3. 要有系统的传播策略

碎片化传播时代，消费者的关注点从一变为多，他们关心的不仅是品牌，更是好玩，是故事。

　　整合营销传播时代，不是简单地做广告、做数字、做公关、做电商，更需要一个生意策略、一体化服务，品牌策略规划需要以策略、内容为核心，以数字互联网为平台，互动、公关到广告、电商，进行全链营销传播。

第十四章　定制行业的渠道变革如何演化

由于传统定制家居企业大都是采用连锁加盟形式的终端销售模式，渠道已经形成既定的利益分配格局。无论相关企业如何进行激烈的竞争，某个企业想要彻底颠覆现有渠道的可能性不大。

由于定制家居的市场蛋糕不断地扩大，想介入分一杯羹的企业越来越多。也因为定制行业的特殊性，如果想用传统定制企业模式进行赶超或替代，将是一件吃力不讨好的事情。于是，从资源、自身优势入手，进行商业模式延伸切入成为跨界成功的有效策略。

由于利益关联产业，用入口优势进行的产业延伸，势必引发定制家居行业的渠道变革，引发渠道资源争夺与利益的重新分配。

定制家居行业的渠道演变，会对行业的传统商业模式进行反向冲击。原来传统定制企业将以产品为盈利载体，延伸增加服务附加值来促进整体盈利能力的提升，而新型资源型企业将以服务或原有行业为盈利载体，延伸增加定制家居为附加值来促进整体盈利能力的提升。

目前，诱发渠道变革的主要行业有房地产行业、终端家居卖场行业、家装行业。房地产行业主要是从客户池资源切入，终端家居卖场行业主要是从渗透上游产品供应端企业与自身的销售模式升级切入，家装行业主要是从传统盈利模式转型升级切入。

我们可以通过相关产业的标志性经营战略动作，找到定制家居行业渠道变革的深层次原因与趋势。

一、房地产行业

1. 碧桂园

第一，一场利益的联姻——博洛尼牵手欧昊。欧昊集团深耕房地产及物业多年，守在项目里做了无数样板间。公开资料显示，其背后有个实力强大的后台——碧桂园。博洛尼家装，其家长是博洛尼家居集团。博洛尼家装版块、博洛尼产品版块与博洛尼精装版块，为博洛尼家族创下了年销售额近30亿元的成绩。

值得强调的是，两者结合的基础是，欧昊抱着覆盖全国千个社区的资源而来，获客是王道，未来的生意在社区。站在上游的视角，几乎所有的房企都已经发现了下游家居这块自己"不太会吃"的大蛋糕。因此，擅长B端的欧昊尽管手里有资源，但也觉得后地产时代里家装这块蛋糕太大了，如果不找个能干的"贤内助"，恐怕想要吃也吃不好。而从硬装到定制、从产品再到软装样样齐全的博洛尼，早就培养出了北京市场单城10亿元本领的博洛尼家装。因此，当欧昊伸出合作之手，重新拓展全国的机会也来了。

第二，千亿橙家梦，进军互联网家装。橙家是碧桂园旗下互联网家装品牌，无论是碧桂园的品牌优势，还是背后 200 亿元的集采规模，都在助力橙家的发展。2016 年橙家交出自己的第一份成绩单，14 家门店开业，交易规模达到 1.2 亿元。

第三，现代筑美家居——工程家居集成配套服务商。作为碧桂园下属子公司，现代筑美家居低调进入家居市场。带着房地产基因的现代筑美家居，已成为中国最大的工程家居集成配套服务。目前，现代筑美家居除了内供碧桂园精装外，还与越秀、保利、中海、华润、万科等房企签约战略合作。

2. 恒大集团

第一，恒大家居产业园。（河南）兰考恒大家居联盟产业园项目由中国恒大集团牵头，施行统一规划、统一命名、统一建设、统一管理，将整合全国一流品牌家具企业集中入驻，规划总投资 100 亿元。

第二，索菲亚与河南恒大共同投资 12 亿元建立生产基地，切入精装房市场。索菲亚家居发布公告，宣布与河南恒大合资成立河南恒大索菲亚家居有限责任公司，以配合恒大精装房市场。该项目将建设年产 34 万套定制衣柜及配套家居产品，包括家具贴面板、趟门、柜身及抽芯。

第三，江山欧派门业牵手恒大集团合资设立家居公司，总投资 2.8 亿元。该项目投产后的产品将主要供应给恒大集团旗下的楼盘。同等条件下，恒大采购、销售体系优先采购合资公司生产的产品。

第四，曲美家居联手河南恒大设立子公司。河南恒大曲美总投资2.3亿元。在同等条件下，恒大采购、销售体系也将优先采购合资公司生产的产品。

第五，恒大与15家知名家居品牌结盟。通过该家居联盟，业主在购买恒大楼盘后，就可以免费获得最高20万元的"品牌家居券"，享受最优质、最优惠、最快捷的知名家居产品，实现拎包入住。参加此次合作联盟的品牌家居企业均为行业龙头，包括全友家私、联邦家私、喜临门家具、曲美家居、华日家具、索菲亚家居、顶固集创、水星家纺等15家。

3. 万科地产

第一，万科联手链家进军互联网装修产业。万科旗下的万链，是2015年由房地产商万科和房地产服务商链家共同投资成立的万科链家（北京）装饰有限公司。成立一年多后，在北京装修的市占率已升至首位。2017年7月以来，万链推出的第三代家装产品inno home成功突破了北京区域，进入万科旗下9个城市15个新房项目。北京万科总经理、万链董事长刘肖指出，2017年万链的业绩目标为15亿元，而2016年该企业实现的业绩数字为5亿元，相当于300%的增长。

合作双方对各个楼盘、社区的户型都有数据，这对推出和设计家装产品有非常大的优势。与此同时，万科链家装饰公司有比较好的客户黏接渠道，未来链家的门店、线下线上平台包括万科所有的项目的售楼处，都是客户的黏接渠道，客户基数会很大。

另外，万链和链家介于东易日盛在家装领域的影响力，7000万元战略投资东易日盛，形成资源互补。

第二，万科＋定制装修＝美好家。在房地产市场中，当大部分住宅产品还在以毛坯房为标准交付的时候，万科率先实现了产品的装修成品化交付，而且还推出住宅装修定制业务。作为万科精装修房战略的升级，美好家装修定制不仅包含材质可选、风格可选和全居住周期可选，还新增了软装可选和量身定做，为客户创造更大的居住价值。

4. 绿地集团

绿地诚品家，打造拎包入住的成品房时代。绿地诚品家发展的是"类公装"模式，依托自有房产资源、供应链资源、公装业务经验等，通过标准化硬装＋个性化软装，结合公装经验进行住宅装修，为客户打造成品房。绿地诚品家涵盖6大业务：整装套餐、供销平台、工长平台、智能家居、绿色生活、金融增值。其中，工长平台和金融增值业务是万链和橙家所没有的。

二、家居大卖场

1. 红星·美凯龙

第一，红星·美凯龙入股欧派、诗尼曼。

2017年3月28日欧派上市当天，在各家媒体的报道中，细心一点的人会发现欧派公开发行后，红星喜兆以 4.49% 的股份成为欧派第三大股东。而红星喜兆法人正是红星·美凯龙下属的投资公司，红星·美凯龙占有这家投资公司 90% 的股份。

2017 年 6 月 17 日，继投资欧派家居并从其上市获利后，红星·美凯龙战略投资了第二个定制家居企业——诗尼曼家居。

第二，红星"1001"战略解读。

2016 年红星·美凯龙正式发布"1001"战略，强推线上线下打通的新零售。财报显示，截至 2016 年 12 月 31 日，其互联网零售平台已累计实现 1782 家品牌及 3615 家商户签约入驻。

红星·美凯龙说到底是一个平台商，本质上不是直接销售产品的商家。反之，红星·美凯龙能做多大平台、整合多少资源，也就略等于红星·美凯龙拥有多大的产品能量。"1001"战略上升到了平台模块化思路。首先把"家居 MALL"的概念进行了升级，之后红星·美凯龙将采用更宽泛的品牌概念"家庭 MALL"，除了把实体网点布局到更接近生活区外，把用户消费领域延展到了以"家庭"为单位，满足用户的一揽子需求，提出升级"商品交易平台"外，还要构建房产交易平台、家装平台、商品交易平台、服务平台与金融平台。

• 房产交易平台：从用户购房开始，要做一个独立的、纯粹的置业顾问模式，解决买房者和卖房者之间的信息对称和信任问题。同时，基于设计美学理念，通过对用户大数据的分析，在地理位置、建筑风格、周边环境等匹配度上进行智能推荐。

• 家装平台：打造中国最大的互联网家装平台，基于对行业的了解和供应链的整合能力，重新树立行业装修标准，培训基础工人，以设计和品质感真正解决用户的装修烦恼，对用户家庭的环保负责。

● 商品交易平台：商品层面，保证家具建材优势稳固扩大的同时，会扩展到家居装饰品，包括窗帘、花瓶、桌布、家电、家具辅件等商品，这也是未来提高用户消费频次的重要手段。

● 服务平台：除了店面的服务外，将扩大到保养、维修，甚至家政业务、社区娱乐、社群活动等。

● 金融平台：把金融产品贯穿到上述一系列业务中，提供系统化的家庭理财、支付、消费信贷、家庭安全保险等金融服务。

第三，A股上市募集的资金主要用途。

据招股说明书显示，募集的资金主要用在家居商场建设项目上，包括天津北辰商场项目、呼和浩特玉泉商场项目、东莞万江商场项目、哈尔滨松北商场项目、乌鲁木齐会展商场项目，五个项目拟使用14.5亿元。统一物流配送服务体系建设项目、家居设计及装修服务拓展项目、互联网家装平台项目各拟使用6亿元、3亿元和5亿元。

● 家居设计及装修服务拓展项目：以红星·美凯龙商场品牌优势为依托，未来3年内计划在现有红星·美凯龙商场内新增100个家装设计馆（其中，10个大型家装设计馆、20个中型家装设计馆、70个小型家装设计馆），用于沙龙设计、品牌展示、业务洽谈、方案沟通、设计师工作等。这些直营连锁家装设计馆开设后，将与红星·美凯龙商场经营产生明显的协同效应，为消费者提供完整的整体家居解决方案，并促使上海家倍得（红星·美凯龙旗下装饰品牌）逐步发展成为全国领先的家装企业。

● 互联网家装平台项目：主要包括线下实体家装展示馆建设和线上家装平台建设两部分。线下实体家装展示馆是利用现有的全国范围内的家居商场布局，建设 30 家线下实体家装展示馆。线上家装平台整合各方资源，结合移动端 APP，为家装消费者、设计师、家装公司等提供互联网家装信息服务，将线上家装信息与消费者家装需求进行整合对接，实现终端消费者、设计师、家装公司等方面之间的服务流转。同时，针对家装行业长期以来存在的价格不透明、工期冗长、成本浪费等问题，通过建立互联网家装平台规范并建立家装行业服务标准和监督体系，向消费者提供高标准、高专业化、高透明度的互联网家装服务。此外，通过线上家装平台将消费者引流至红星·美凯龙商场内的线下家装展示店及其他建材、软装商户。

2. 居然之家

第一，居然之家战略投资诗尼曼。2017 年 7 月 14 日，北京居然之家投资控股集团有限公司入股诗尼曼，达成战略投资协议，强强联袂助力诗尼曼大家居发展。

第二，阿里巴巴 54 亿元战略投资居然之家，在家居领域开启新零售的全新时代。2018 年 2 月 11 日，北京居然之家投资控股集团有限公司与阿里巴巴集团共同宣布达成新零售战略合作：阿里巴巴及关联投资方向居然之家投资 54.53 亿元人民币，持有其

15% 的股份。双方将运用各自优势，在家居领域开启新零售的全新时代。

● 根据协议，阿里巴巴将协助居然之家卖场的全面数字化升级，基于双方会员系统打通和商品数字化，实现消费者选建材、买家具的场景重构和体验升级。

● 双方将共同打造云装修平台，从装修设计、材料购买和施工管理全链路重构家装行业模式。

● 截至 2017 年年底，居然之家已在全国开设 223 家门店，市场销售额超 600 亿元。按照规划，将在 2022 年之前实现线上线下完全融合，实体店数量超过 600 家，市场年销售额超过 1000 亿元，成为中国家居行业第一品牌。

三、装饰企业

1. 金螳螂

作为传统工装企业巨头，金螳螂为谋求转型升级，于 2015 年投资 2.7 亿元打造一站式家居服务平台"金螳螂·家"布局互联网家装，致力于成为为消费者提供家庭装修、家居装饰、家居智能、家居健康、家居生活等，以家庭消费为核心的综合服务商。

2. 亚厦装饰

为寻求转型，亚厦集团在 2014 年 10 月缔造了"集成家"概念互联网家装品牌蘑菇＋。它以"家"为中心，打造互联网家装生态圈，为用户提供硬装、软装、智装、家电等一体化的整体家装解决方案，真正实现"所见即所得"，让家装高效、省心、放心。

3. 广田装饰

自 2015 年起，除去传统公装业务，广田集团还着力发展定制精装、互联网家装、智能家居、供应链平台四大新业务，加快转型升级步伐。

2007 年，广田股份与恒大地产开始业务合作，基于双方的行业地位、精品标准化战略等特点及长期稳定的合作关系，双方形成了良好的沟通体系和默契的伙伴关系。2013 年再签订的战略合作协议。恒大地产每年安排约 35 亿元的商业综合体、酒店、住宅楼盘等装修施工任务给公司，并逐年增加约 10 亿元的施工任务（三年）。

2015 年 5 月自建互联网家装 O2O 平台，以设计、施工管理、供应链为基础平台，与互联网技术、现代 IT 技术、VR 虚拟现实增强技术结合，打造场景化的电子商务平台，与用户进行线上线下的互动，提供"所见即所得"的免费 DIY 快速设计、APP 远程施工监管等服务，为年轻人提供"过家家"式的家装消费体验。

2016 年 5 月，投资建材家居供应链交易与服务（B2B）平台"里外网"，为企业级用户提供供应链服务的同时，也帮助用户获得卓越的供应链金融服务，与广田旗下的智能家居、互联网家装、精装集团等形成了广田股份的一条完整家居生态链。

4. 洪涛股份

2015 年 9 月 22 日，洪涛股份及旗下优装美家宣布其 B2B2C 互联网家装平台——优装美家正式上线，业务模式涵盖装修管家、真实图库、建材商城、环保服务、金融服务。

5. 宝鹰建设

2014 年 3 月，宝鹰集团出资 1.08 亿元参股上海鸿洋电子商务有限公司 20% 的股权，将国内领先的家装电商平台"我爱我家网"收至麾下，正式进军互联网装修。

6. 柯利达装饰

2015 年 10 月，柯利达与大型房产企业河南正商置业签订《战略合作框架协议》，拟在建筑装饰相关业务领域结为战略合作伙伴，在高端写字楼、商业综合体的内外装一体化设计施工、住宅定制化精装领域，正商置业将优先选择柯利达作为建筑装饰业务的合作伙伴，实现资源共享和优势互补，共同做大产业规模。

四、渠道变革的3个方向

根据以上现象，我们基本可以判断出定制家居行业渠道变革的基本方向，这将会深刻影响定制家居企业的战略决策与发展路径。简单来说，渠道变革主要有以下 3 个方向：

1. 大地产大配套

随着国家对房地产行业的长效宏观调控政策的常态化，房地产行业暴利时代的结束，寻找新的盈利点是房地产企业目前正在探索的主要方向。关联的配套产品与深度社区服务是其中比较重要的盈利点。

家居建材行业与房地产行业深度关联，再加上新一代消费群体消费观念的整体升级，被有目的地整合是自然而然的事情。这种整合的主要关键利益方有：房地产服务企业、家装企业与定制家居产品企业。

在这种模式中，房地产服务企业会变成大的项目管理角色，家装企业会变成纯粹的家装施工企业，定制家居产品企业会变成专业的产品配套商。配套的真正含义在于关联性企业深度切入房地产的内部经营环节。当然，内部的经营关系的模式，有的是房地产企业完成自主掌控，有的采用深度联盟合作，有的通过股权控制。

2. 大精装大工程

宏观政策的发布表明国家对全装修的支持力度逐渐加强，配套政策不断完善，如图 14－1 所示。

近两年各省份陆续出台相关全装修或精装修政策，也就是说，毛坯房交付的时代将逐步退出房地产的市场。目前，全国加入全装修队伍的省（市）已经有 8 个，这 8 个省（市）中有 7 个

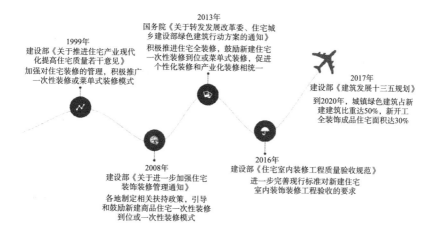

图 14 - 1 国家对全装修的支持力度政策变化

省（市）的全装修政策会在 2020 年之前开始实施。

二三四线城市逐渐成为全装修市场的主力区域，全装修市场趋向集中在龙头房企。

定制家居企业在做精装房项目时，客户对象主要分为 2 类：开发商、工程承包商。

精装房工程销售模式，如图 14 - 2 所示：

图 14 - 2 精装房工程销售模式

有实力的企业都会将工程的基础运营与财务风险分摊给下级分销商，以保证业务运营的安全与健康。

纵观房地产企业对于家居行业的资源整合优势及深度市场耕

耗的能力，在目前大的房企都急于寻找新利润点的大背景下，地产项目标配工装家具橱柜逐步会被地产企业下游整装项目拎包入住模式所替代的趋势。定制家居企业精装房项目的主要合作模如下：

- 与地产企业总部合作，进入总部供应商名录。
- 与地产企业当地分公司项目合作。
- 与地产企业下游整装公司合作。
- 与地产公司精装房拎包入住项目公司合作。

更多具体的运作模式请关注"三粒米"公司推出的行业大课《顶级商业模式》系列。

3. 新零售新终端

"新零售"是企业以互联网为依托，通过运用大数据、人工智能等先进技术手段，对商品的生产、流通与销售过程进行升级改造，进而重塑业态结构与生态圈，并对线上服务、线下体验及现代物流进行深度融合的零售新模式。家居行业在新零售方面的发展呈现四大趋势：

- 线上线下一体化。利用线上网络平台＋线下实体店的模式，无缝连接地深度融合。
- 注重消费体验。家居是重体验型产品，通过深度体验的场景构建，迎合消费者的口味。
- 新技术的应用。AI、AR、VR 诸多新技术可谓层出不穷，这些新技术都将改变家居电商。通过 AR/VR 技术可以让用户在体验环节提前了解到家居布局到房屋后的效果，缩短家居品牌与消费者的距离。

● 物流成为新零售的重要环节。家居、家具产品的特殊性，对物流服务要求更高、更复杂、更专业，尤其安装、售后服务等能力，对企业是很大的考验。

下面看下定制家居行业对新零售尝试的代表：

第一，索菲亚新零售模式。索菲亚认为，新零售以消费者为中心、以体验为中心。为了方便消费者的体验和购买，索菲亚2017年开始在商业综合体、大型超市，甚至小区开设门店，这在很大程度上解决了消费者以往不愿花费时间去专业建材市场的困扰。

同时，索菲亚还推出自主研发的3D实时设计软件DIYHome和VR，提高消费者的到店体验，消费者能够在很短的时间内根据自己的需求看到家里的装修风格、家具布置、饰品搭配的整体效果，更有VR让消费者直接感受到装修好了之后身临其境的感觉。

索菲亚已与阿里巴巴正式签订新零售战略合作协议，运用互联网技术应用手段，通过接入阿里智慧门店系统，形成了智能客流、智能导购、智能支付、智能客服。

在智慧客流方面，通过数据银行，把很多线下成交的会员数据与阿里数据做匹配，通过购买行为、购买特征等为用户画像，更立体地去了解用户的生活方式，更精准地触达用户。与此同时，索菲亚把营销流程在线化，以客户为中心的生命周期管理中心，实现终端业务流程数字化管理。

在智能客服方面，2017 年，索菲亚整个电商团队（包括客服）已从原来的一百多人增至两百人。索菲亚在智能客服方面与阿里巴巴进行了新的尝试，服务系统将订单客户自动识别出对应服务过该客户的客服，让客服更有意愿去服务好自己的客户并真正能够引导到线下去衔接。

第二，大数据——尚品宅配叱咤新零售的核心驱动力。对于新零售而言，打通线上线下，大数据是基础；融合线上线下，大数据就是驱动。线上线下实现融合，商品、客户粉丝群、交易、营销等需要实现共荣互通，而大数据无疑就是实现这一场景的先决条件。

尚品宅配的新零售得以成功实施，与其引以为傲的大数据休戚相关。现今大多数零售企业都极其重视研究消费者，想方设法去归纳、刻描用户画像。与其他企业费时费力得到的信息却呈碎片化的情况不同，尚品宅配在数据获取方面游刃有余。线上将微信服务号和客户后台系统打通，形成前端后端一体化的 CRM 系统，最大效率地管理客户关系。每个用户进入服务号关注界面，简单的回复动作，复杂的点击菜单轨迹，全部会被记录在客服后台聊天系统，众多的数据会定期形成用户画像和轨迹行为报告，从而得出用户关注的相关因素，为后续产生交互打下基础。

此外，尚品宅配还打造了"房型库、产品库和方案库"三驾马车齐驱的"云设计"大数据系统，收集海量翔实的用户数据和匹配方案。在实施设计的时候，只要输入消费者年龄、性别、居家喜好，系统立即自动匹配优质设计方案，最大化提高设计效率和消费者满意度。

有了精准大数据的加持，尚品宅配在客户挖掘、设计师管理培训、渠道销售策略制定、原材料采购预测、产品研发、终端网点建设、"智造"生产、智能物流等方面都有了切实的支撑，驱动营销、生产、设计、物流，甚至是公司的管理运作，大数据将每个环节都分解成一个个精细的数据，指导着下一个环节的科学运转，形成一个完整的生态产业链。

第三，红星·美凯龙启动新零售模式。红星·美凯龙李斌认为，所谓新零售是线上海量信息和便捷沟通，线下有温度的体验和专业服务，线下线上一体化融合、相互赋能，才能建立无缝衔接的服务闭环。

在加快线下版图开疆拓土的同时，红星·美凯龙近几年来也一直在探索泛家居销售和互联网的结合。不同于其他人所主打的"家居电商"，红星·美凯龙强调的是"互联网零售"，并确立了线上线下一体化的新零售模式。为此，红星·美凯龙将加速推动线下红星·美凯龙商场网络与互联网零售平台的O2O对接，实现线上线下的一体化服务与相互赋能。同时，红星·美凯龙将基于商场数字化系统建立品牌及商户的撮合平台，通过平台高效匹配资源并在线上和线下同步实现展示空间共享和商品联动销售，打造泛家居消费"生活馆"形态，为客户提供具有专业设计美感的真实居家场景和高品质的购物体验，从而有效拉动增量消费需求并提升公司的平台价值。

第四，"双十一"家居新零售实践。2017 年"双十一"购物狂欢节，各大品牌整装待发，竞争的硝烟四处弥漫。"双十一"无疑成了检验各式新零售业态的最佳舞台。

● 索菲亚电商一直以来都是执行线上线下同款同品质，消费者在品牌天猫旗舰店选购商品，付完特权定金后，可以选择去最近的门店体验，享受同款同质和线上的优惠、送装一体化服务。

● PINGO 国际智慧＋生活馆，从消费者进店开始，将通过各种技术提高单一客户的综合识别率。店内设置了导购路径，能够增加有效顾客的转化率，也能够留存数据，沉淀到数据银行进行二次触达和营销，每当上新、有促销活动，或者消费者生命周期发生一些变化时，都可以进行直接触达。

● TATA 木门经过"线下引流到线上""线上引流到线下"两个阶段，在电商之路上形成如今的新零售"线上线下一体化"。

● 从 2012 年起，九牧就开始探索厨卫电商 O2O 模式，2017 年"双十一"九牧联合天猫进行线上线下打通，把消费者的信息都导入九牧的数据系统，第一手掌握用户的数据，通过大数据等手段，与客户建立更好的联系。而在服务方面，九牧持续在推动线下经销商向服务商转化，为网购用户提供本地化服务。

● 奥普的线上是 1＋n＋n 模式，电商渠道以天猫平台为主，京东、苏宁、国美、唯品会等多渠道发展。线下销售还是以基础的渠道铺设与布局为主。而新零售就是产品与服务的售卖结合。

第十五章　跨界定制必须要跨过的 8 道坎

"全民定制·全行跨界"——这是当下中国泛家居行业最奇特的景观。从最早的海尔跨界，到如今大大小小的跨界品牌：联塑、大自然、圣象、箭牌、碧桂园、恒大、曲美、迪信、全友、掌上明珠、皇朝……如图 15-1 所示。

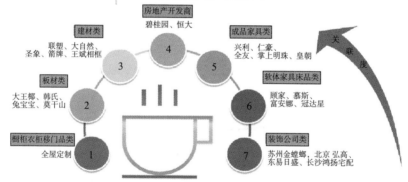

图 15-1　中国"全民定制·全行跨界"图景

跨界或融合，是大多数家居企业都在思考或者已经在行动的课题。不仅仅是非定制企业进入定制行业叫跨界，定制企业向非定制行业延伸也叫跨界。未来定制企业如果不与非定制行业的相关产品进行融合，那么定制企业也会被行业浪潮无情地抛弃。

未来的家具都不叫家具，叫定制家居；未来的定制家居都不叫定制家居，叫家居，给消费者提供的是真正的家居"产品 + 服务"综合体。至于你原来是定制出身还是非定制出身，都已不重要。

跨界定制家居的故事已经发生很多，这些故事是不是像大家表面看到的一样呢？

为什么不少企业有资金、有资源、有人才，但到目前为止跨界成功还只是少数？

真的是定制行业有难度，还是这些跨界企业没有沉下心认真探索定制行业的基本规律？

现在开始，企业跨界成功的概率慢慢增加，其中的核心原因又是什么？

所有的评论与猜测都是苍白的，面对定制行业的跨界事实，有必要上升到行业课题的高度来审视。

一、如何跨过战略决策这道坎

有的企业跨界是为了促进原领域的发展，有的企业跨界是为了寻找另一条重生之路，有的企业跨界是为了向蓝海领域延伸……无论什么动机，你出发的地方就决定了你行走的方向。

在咨询过程中，笔者经常会与跨界企业进行沟通或合作，特别是一些在原有行业领域做得非常成功的企业，比如陶瓷卫浴类、成品家具类的企业，他们做定制家居很重要的一个原因是原行业的发展遇到"天花板"，有必要寻找一个新的盈利点。

跨界企业做定制有个比较明显的现象，那就是跨界的企业在原有领域做得很好，现在跨过来，在经营过程中遇到很多问题。为什么会出现这样的情况？原因何在？

第一种原因，是组织机制上出了问题。

很多企业简单地认为，通过"设计＋人才"的模式就可以解决，简单地用一个事业部的项目系统来解决一个公司系统才能解决的问题。我们看到一些原来做电器的、做陶瓷的品牌跨界就是这样，经常调一个事业部负责人来解决这件事情，不行再换人。这个事业部能运营的都是一些在僵化体制下已成定局的战术动作。

笔者就碰到一个很典型的例子。一个很大的建材企业要做定制家居，事业部负责人和笔者谈了关于怎么解决市场的问题。他说："老板对我这么多的要求，我现在必须把这些大市场做起来，但在我没做出业绩之前，我只有在框架内给出的资源。"讲到这里，笔者相信大家都看明白了！

用原来成功体系产生的官僚模式来面对一个需要高效运营的创业环境，结果可想而知。这样的组织系统能做好一个要公司化系统才能支撑的项目吗？这个问题不解决，就是有一千个模式、一万个方法、无数的资源都没用。

第二种原因，是过分自信盲目借用原来体系的资源。

这种跨界企业的招商，一开始基本都是在体系内完成的。对于那些本来渠道关联度很强的企业，董事长叫几个核心经销商一起吃个饭就把刚开始的种子客户处理了，经销商也给面子把事情给做了。然后，大家就心安理得地等着收割定制行业的丰硕市场成果了。

结果呢？总部没标准，也没有效的支持，因为总部本来就是项目制运作，没有体系能做出这种事，生产、研发、供应链出现各种状况。经销商走路都不会，因为经销商只不过是多开了几家店而已，多调几个人过去而已。

第三种原因，是花钱大方但没花对地方。

经常会遇到一些在原领域做得很成功又很自信的老板，上豪华设备、找豪华团队、建豪华终端，运营一段时间发现没得到自己想要的结果，就开始控制投入。于是，等真正要在运营与体系建设上花钱的时候，他怀疑会不会掉入上次一样的坑。其实，不是前面的工作没有效果，而是这套体系要发挥效力，需要时间与经验的沉淀。可以想想，当初自己原有的成功业务，也不是一天就干成的。

从营销的角度看，产品开发、订单系统处理、终端运营是这些跨界企业最没耐心搞，而又最容易出问题的地方。当大家都意识到这些问题不能绕道必须攻克，且自己又有些为难的时候，大家转向了并购与收购这条路。所以，并购与收购是定制行业下半场大玩家们最喜欢的游戏！然而，行业内无数经验证明，特别是做全屋定制的企业，用采购模式、自己从头摸索的模式到目前还很少见到成功的企业。

并购的提前是双方都有相互利用的价值，比如产品互补、渠道互补、资源互补。索菲亚华鹤是产品互补，索菲亚与恒大是资源互补，韩居与百得胜是产品、渠道、品牌的互补。在这种强强联合与大鱼吃小鱼的游戏中，如果不能客观地认清双方的价值与出发点，前面还会有坑。

只想说一句话：只要有核心优势，有些版块自己玩不了，可以考虑被并购或收购；而没什么核心优势的，现在就尽快找一个出路。

二、如何跨过商业模式这道坎

从壁柜、移门到定制衣柜、整体衣柜、全屋定制、大家居，从互联网家装到 O2O 模式、拎包入住、产业链配套、精装普及……客户消费入口在变，商业模式也一直在变迁升级，跟风未必可行！

这个行业现在全面进入"＋时代"，橱柜＋、衣柜＋、地板＋、家具＋、吊顶＋、家装＋，至于后面加什么，大家都有自己的套路。

很多跨界企业在进入定制行业时，第一个想的问题往往是生产与产品问题。但要知道，定制家居是系统的"产品＋服务"的综合体，你原来是定制出身还是非定制出身，都已不重要，重要的是，你给了消费者真正的家居"产品＋服务"。

与行业发展初期的情况不一样，当时只要你能生产出产品，找到传统渠道进行销售就可以生存。但现在的情况是品牌多、同质化严重、渠道重叠，对于后进的跨界企业来说，想要顺利发展，需要在自身条件基础上对商业模式进行思考，才有可能找到一条发展之路。

在设计商业模式时，我们要考虑的最核心因素是销售入口、客户体验方式与服务模式。比如，成品家具厂商做定制，当初都是考虑到用原有渠道进行销售，这就是入口有了错位，往往导致很多资源的浪费。

针对工程、配套、传统零售、新零售等不同的入口与渠道，应当设计相应的商业模式。同时，企业也要根据自身的基因与条件寻找自己的商业模式路径。

三、如何跨过系统化产品研发这道坎

随着人们居家生活哲学和生活方式的改变，定制家居除了强调造型和功能性等基本功能外，其内涵将更加丰富或发生转变，集成的家居系统将是人们所有生活理想的承载，传统家居向开放式享受型转变——定制家居设计流程分前后两段：前段的产品开发设计和后期的适配设计，产品开发设计的核心是模块化和标准化，服务目标是生产效能，适配设计的核心是客户和需求，服务目标是家居空间前后一体化。

全屋家居设计是一种生活方式的规划，全屋家居设计也是一种营销战略的统筹，全屋家居设计是家居营销语言最美的表现形式，全屋家居设计的最终目的是为了解放消费者，全屋家居设计也会锻炼制造商的全方位的思考习惯。

整体家居其实就像一个绅士或美女——水电是里面的神经和血液，装修就是贴身内衣，定制柜就是衬衫，外套就是成品家具，耳环、戒指就是软装。

定制不简单，它是服务的深入，是化零为整，是真需求的真满足，是家居的规划，是让产品价值最大化，是制造和消费的互动游戏，定制是销售的赛跑。

从管理的角度来看，研发涵盖的领域包括：产品战略与规划、市场分析与产品规划、产品及研发组织结构设计、研发项目管理、研发质量管理、研发团队管理、研发绩效管理、研发人力资源管理、平台开发与技术预研等。

因此，研发工作实际上不仅仅包含技术开发工作，还包括新产品的全生命周期，产品创意的产生、产品概念形成、产品市场研究、产品设计、产品实现、产品开发、产品中试、产品发布等过程。

研发是一项创造性的工作，卓有成效的研发需要优秀的研发团队来完成，可以说有什么样的研发团队就有什么样的研发成果。员工的成熟，铸就产品的成熟。卓越的研发团队由三个因素决定：团队中的个人、团队机制和团队文化。

研发需求分析内容包括：

- 市场需求可行性分析；
- 关键技术需求分析；
- 开发环境需求分析；
- 开发成本需求分析；

- 人力资源需求分析；

- 研发进度估算与分析。

在产品定位中，应该定位以下内容：

- 产品的功能属性定位；

- 产品的外观及包装定位；

- 产品的卖点定位；

- 产品的基本营销策略定位；

- 产品的品牌属性定位。

四、如何跨过生产交付这道坎

一次交货到位、一次安装到位是定制行业后台管理的最高水平！这也是传统定制企业费神、费力最多的心病！

众所周知，信息化是定制家居做大做强的必经之路！

纵观整个行业，能搞定信息化，真正发挥信息化效用的企业寥寥无几；虽然大多数企业都在喊口号说已经做到工业4.0或是正通向工业4.0，个中真相只有企业自己清楚。实际情况是，大多数企业整个后端还是处于水深火热之中。

最主要的原因是行业里对信息化精通的专业化人员太匮乏，大多数企业都是由不专业的人员来操作改造推进信息化。他们根本不知道怎么推进，如何下手，什么是对的，什么是错的，如何系统性地结合工艺、设备、流程并植入信息化管理平台。

工厂管理人员只懂工厂车间现场管理，技术部只懂工艺技术，而请的软件公司又只是编程写代码，并不懂工艺和生产流程。况且每一家企业因人、事、物、法、机、料不同，而产生工艺标准不同、生产流程不同、管理方式不同。大多数企业只是给一笔钱请一个软件公司解决工厂信息化，造成几个关键部门不能系统地协作起来，结果可想而知，只能是软件公司和企业互相扯皮。

要解决工厂信息化问题，首先需要一个核心人物来全面统筹企业信息化改造全流程，这个核心人物既要懂工艺、懂生产流程、懂设备，还必须懂信息化技术，最重要的是这个人还必须能调动企业的人、财、物等所有资源。所以，这个人最好就是老板自己，或有老板的尚方宝剑具备调动企业所有资源的权力的职业经理人，这样才能保证信息化进程顺畅。只是这样全面的人，行业少之又少，这就造成了行业大部分企业都没能走通信息化之路，甚至不少企业不断更换软件公司，不断重复投入软件费用，不断投入设备费用，不断更换信息化管理人员，最终还是没有带来良好的结果，甚至还有越改越糟的现象。

还有就是工厂车间布局，大多数为了整齐划一，都是块状布局，横平竖直，按一横排或一竖列来摆放设备，有时候还美其名曰"生产 6S"，实际效率低下，好看不好用。定制家居车间布局应该根据设备和所生产产品本身属性和工艺标准，按最佳效率方案来确定线性流动排列，并且设备可以根据产品工艺来进行定制，形成完美的设备、工艺、流程的系统协调。系统制胜才是定制家居信息化最佳方案！

针对定制家居信息化难走通的现状，要组织行业内掌握信息化全流程核心技术人才（基本都是企业重要职能部门核心在职人员，他们是企业走通信息化之路上的关键所在）组建成技术小组。根据不同企业的不同需求，本着行业共同进步、技术分享、发挥技术价值，为行业发展多做贡献的原则，代表企业与软件公司合作，按企业人、财、物、法、机、料等资源匹配推进企业信息化。

索菲亚现在大量引进柔性生产系统，单条生产线价值在 7 千万元以上，自带硬件和软件系统。在此之前，索菲亚信息化系统由多个自助开发的 ERP 和软件系统支撑，后台数据库主要是"甲骨文"，生产管理系统用 imos（工艺路线和生产模式）计料系统、工序管控系统主要是 2020 与 KD（2020 解决标准柜、KD 解决异形柜），每年预计用于软件维护和开发的费用在 3000 万元左右，基本能保障 15 天左右出货，效率比较高。缺点是衣柜结构有部分强制标准。

欧派主要采用 imos 和 2020，自主开发条形码管理系统，基本能解决个性化工艺需求，但生产效率不是很高，交货期在 20 天以上，生产成本偏高，设备利用率较低。每年软件维护和开发费用投入约 300 万元。

尚品宅配是定制行业比较特殊的企业，本身就是做软件出身，因自身资源优势，采用完全不同的标准模块生产模式，用大量的设计师制作数以万计的模块设置生产端信息化系统，用虚拟库存方式来做天量库存，整体柜子出错率小，但是板件之间的细节处理常常比较粗糙。生产效率整体均衡，单体效率不高，整体效率较高，能做到 10 天出货，设备利用率不是很高。

诺维家全流程信息化自动流水生产线是完全自主开发 ERP 系统，主要采用自主开发的华广软件作为后台数据支撑和生产系统管理，具体包括：针对终端定制的 CRM 接单管理系统、全流程信息化 ERP 下单系统、万能封边流水作业系统、30 均布钻头同时定位高效率数控排钻领衔的万能排钻系统、数码化包装系统和二维码校错系统、异形板件加工系统、信息化成品仓、实时工资绩效 ERP 系统、标准化流程化用工培训系统、针对定制家居行业定制的零库存柔性物料供给 ERP 系统、高效安全的发货管理 PDA 系统、GPRS 物流定位系统等，开发费用约 200 万元，每年维护开发费用 20 万元左右。

总的来说，信息化从工艺角度来分，最常用的两种不同模式：一是以尚品宅配为代表的产品单元模块；二是以诺维家为代表的板件元素模块。

信息化的第一步，需要把所有的工艺模块标准用文字一个模块一个模块写出来。比如，将中侧板的开料方式、封边方式、开槽方式、打孔方式等工艺标准，变成信息数据，全转换成代码、指令编程写入软件程序。

最重要的还是将产品的工艺共性提取出来，比如，中侧板和宽侧板的很多工艺是相同的，同时还要保存各个板件的个性，不限制它的个性才能个性化定制。

这是一个复杂而细致的过程，需要做大量的工艺标准设定工作，只要出现不同的个性板件，我们就得给它做出一个板件模块，给它工艺规范和文件做出相应规范。这样能尽可能多地保留每种板件的个性，同时要尽可能把通用性提取出来，以匹配车间的机器，即满足机器的特点。这样，产品信息化生产比例就会很高，而信息化比例越高，生产就越快。现在大部分企业信息化出图比例只能达到60%～70%，要想实现理想的高效顺畅信息化，出图比例要达到99%以上。

五、如何跨过专业人才这道坎

定制家居行业是服务属性非常强的行业，前端所有的竞争力其实都是后台系统与人才的综合能力体现。业务流程规范化与经营团队的专业化是定制家居企业必须要跨过的一道坎。

随着行业经营环境越来越透明，产品、价格、生产资源、渠道资源越来越成为优秀企业的标准配置的时候，最后的竞争力一定取决于企业的人才建设。企业内部人才的职业素养已经是泛家居行业企业竞争力的核心源泉，各岗位人才的在岗启蒙教育与提升教育是企业团队建设的战略性行为。

纵观诸多跨界企业，专业人才的缺乏是一件令人头痛的大事。特别是内地企业，本地专业人才更是严重缺乏，经常从广东寻找一些专业人才到企业，却又出现"水土不服"，文化不相融等情况。而人才一旦流失又出现断档。

企业人才的职业化教育已经是经营的重要课题。人才职业化教育分为两个层面：一个是企业总部的人才，另一个是经销商队伍的人才。

总部不仅要有自身经营的人才梯队，还要有人才的"造血"功能，因为经销商队伍的人才建设能力更弱，更需要总部具体的支持。

跨界企业经常走入的人才误区是：找一些能干的人直接干活，而没有让能干的人在职业化教育的体系下帮企业打造一批能干活的人。

公司具备培养人才的平台与能力，是连锁发展的根基。只有按企业自己的文化培养出属于自己的人才，才能将自己的品牌与管理有效地输出。比如，通过商学院打造出一个有超强凝聚力与执行力的全员营销团队，将企业的核心价值观与品牌文化深度植入，让企业的经营标准通过培训导入，使企业的战备分解成动作通过培训进行传播。

让优秀的人才在体系内不同的阶段都能找到发展平台，形成良性的人才循环体系与模式，这是企业保持竞争力的重要因素。

让更多优秀的人才用不同的方式为我们的品牌服务，产生相应的价值，而不仅仅是简单的雇佣关系。

对于部分企业来说，还不具备自身培养职业化人才的条件与机制。"三粒米"教育机构针对行业人才的现状，推出了帮助家居企业打造职业化经理人团队、帮助家居企业打造职业化经销商团队的服务模式，解决行业刚需问题。

六、如何跨过销售渠道这道坎

渠道运营环节中最难的是终端经销商能力与精力问题。笔者在咨询合作过程中发现，某个陶瓷企业发展的经销商都是有实力的，基本上都是在大市场有大门面的。从外在条件来看几乎是完美的，但经过几年才发现，大市场根本就没做起来。

一次与他们经销商的内部聊天时笔者才发现原因所在。原来，当地大老板做原品类几个亿了，也没心思管这块，就找一个人让他负责这个大市场。笔者问他："渠道布局你说了算吗？用钱你说了算吗？团队费用你说了算了？"他说："觉得可行就批。"这样，就是一个只有经营思维的人来操心顶层布局的事，然后让从来不操心的老板来拍板具有行业敏感度的决策。很多事情的成败不是这个人的能力问题，而是这个人的角色与处理问题的角度问题。

再看其他的大市场，也同样没做起来。原因是这些企业与经销商虽然投入了硬件，但还是没重视软性经营能力的投入。不少跨界企业在这方面的关注与投入其实少之又少，这是一个误区，得认真对待。

当不少进入定制家居行业的企业就只注重大手笔的目标规划与渠道扩张时，我们更应重视渠道硬件基础建设与渠道经营的基础能力提升，这才是长远之计，突破了这个，后面一切才都有可能。

七、如何跨过规范化连锁管理这道坎

定制行业的营销本质就是管理与运营，需要有规范的连锁运营系统才能真正让终端做大做强！

打造总部、构建渠道、规范终端，是实现加盟连锁管理系统规范、高效运营的有效途径。

对于以加盟连锁为核心运营模式的企业来说，最核心的三项能力是产品输出、管理输出、品牌输出。

产品输出是源点也是经营的根基，管理输出考验企业对渠道的掌控能力与提升能力，而品牌输出决定企业在市场的话语权与地位。

在家居行业，特别是定制行业，没有纯粹意义上的营销。营销的本质是管理。管理的本质是系统，强大的系统造就强大的营销。诸多企业在硬件的系统（门店、IT 系统等）进行巨大的人力、物力、财力投入，往往会忽略另一个系统建设——运营系统，而它是决定企业这辆车往哪跑、能跑多快的因素。

"三粒米"教育机构多年立足于家居行业的企业与终端营销实践，针对企业在连锁管理过程中 9 个核心领域（模式、团队、规范、标准、教育、样板、推广、机制、执行）进行了深入研究，并总结出一套独特的方法论与工具，帮助越来越多的企业解决营销、运营系统问题，实现市场业绩的可持续增长。

八、如何实现行业互跨这道坎

不仅非定制企业进入定制行业叫跨界，定制企业向非定制行业延伸也叫跨界。未来，定制企业如果不向非定制行业的相关产品进行融合，那么定制企业也会被行业浪潮无情地抛弃。

定制家居的未来，到底会变成什么样？

- 从单品类到全屋品类？
- 从全屋品类到家装系统解决方案？
- 从产品到家居整体装饰解决方案？
- 从产品融入房子配套的一站式解决方案？

消费者越来越喜欢省心、省力、省钱、省时的一站式解决方案。这样，定制行业就很难说是以谁，以什么产业、什么产品、什么服务为主体。但有一点不容置疑，入口是一个很大的产品主体。谁能在入口上有服务优势，谁就能整合相关的产品与服务链条。

从这个逻辑上看，无论企业是什么角色出身，都存在跨界问题。这种跨界其实就是相互跨界。

在相互跨界的过程中，企业原来的资源会被充分利用起来，然后利用整合方式将劣势给补上，真正做到互跨互融。

第十六章　中小企业要避免的十大经营死穴

笔者根据自己在大企业和中小民营企业的多年工作经验，结合定制行业企业内的工作经历和顾问经历，总结出了中国定制行业老板们的十大经营死穴，给所有"当局者迷"的定制企业老板们一个警醒和提示，望能让企业老板在实际经营管理过程中少走弯路、少犯错误。

一、企业文化为何落不了地

越来越多的老板认识到，企业发展越大，越需要企业文化。于是，老板们冥思苦想，整出了一套企业文化，挂在墙上、写在手册里，在大会小会上讲，对员工培训，可就是"雷声大、雨点小"，在企业里推不开、落不了地，大多数都成了"口头文化""墙上文化"与"应付文化"。导致这个结果的原因是，大部分老板不清楚自己就是企业文化，老板的文化就是企业文化。老板如果没有文化，也是一种"没有文化"的企业文化。老板的一言一行，特别是行为，对管理层的言传身教，就是企业文化。那些制定出来的文化之所以落不了地，是因为老板想推行的是他认为好的文化，而不是他自己身体力行的文化，结果是两套文化"两张皮"，互相割裂，甚至互相矛盾。老板向员工推行的企业文化，但自己都不认可和身体力行，管理层和基层员工就可想而知了。老板文化和企业文化是两条平行线，永远没有交点，因此就不可能落地了。

二、企业离开亲戚就玩不转

定制行业的老板们大都是白手起家，刚创业不靠亲戚，能靠谁啊？谁靠得住啊？这也是很现实的问题。所以，绝大多数的定制企业不是夫妻店，就是亲戚店，或多或少都有与老板有血缘关系的亲戚在企业里工作。当然，有血缘关系的企业并不一定是不好的企业，国外很多优秀的企业都是家族企业。但要注意的是，家族企业本身并不与现代企业制度相矛盾。相反，很多国外的家族企业是建立起了现代企业制度和职业经理人机制的家族企业。

但现实是，中国家族企业进化到现代企业制度和职业经理人机制的难度要比国外家族企业大得多。一个重要原因就是国外是"法、理、情"的管理逻辑，而中国恰恰相反，是"情、理、法"的逻辑，即先合不合乎人情、有没有道理，最后才是符不符合制度、规章。即使企业老板对自己的亲戚一碗水端平，其他人总觉得那个碗是歪的。绝大多数的员工都是这么想的：只要有亲戚，就没有公平！老板的口号喊得震天响，没用。这突出了创立中国最好的民营企业——希望集团的刘永好、刘永行兄弟的"伟大"之处：创业之初到现在一个亲戚不要。他们太了解中国人性了。

但这只是个案，没有代表性和普遍性。

比较现实的做法是，随着企业的发展壮大，老板们要让自己的亲戚渐渐淡出企业。百得胜执行总裁张健 2012 年只身一人来到百得胜，没带一个亲戚和嫡系下属，并且在切入企业后，把百得胜所有与股东有亲戚关系的员工都清除出了百得胜，给百得胜创造了一个非常好的职业化环境，为百得胜 5 年翻 17 倍，成为定制行业逆袭黑马奠定了非常好的制度与环境基础。他的做法，值得定制行业企业老板学习与参考。

三、铁打的营盘"冲水"的兵

之所以把"流水"的兵换成"冲水"的兵，是因为用"冲水"比"流水"更能体现出人员流动速度之快，就像按了最新式的马桶按钮一样，迅雷不及掩耳。老的一茬走光了，新的一茬又接不上，青黄不接成了很多家居建材老板心中抹不去的痛。大部分定制企业还不是靠制度、靠系统生存发展，而是靠人。而人一走，特别是老员工，很多好的东西和方法就流失了。留住人，特别是留住人才，是每个老板必须思考的重要事项。员工的薪资水平、职业发展空间和发展通道等，老板们与企业必须想清楚。

所有做得好的定制一线企业，都是人才非常稳定的企业。基层员工可以流动，也必须流动，但中高层核心岗位人才必须超级稳定。百得胜执行总裁张健就提出"战略恒定，人才稳定，产品先进"，他在百得胜 7 年多，从未主动开过一个员工，因为他深刻理解定制行业的人才管理本质。

四、对员工的薪酬是"员工不提，我就不涨"

老板们都关心成本，特别是人力成本，并不想每年都涨。但员工的想法不一样，工资只要两年没涨，大部分员工就有想法了。老板等员工提出涨薪的要求，就等于让员工找好了下家之后再与自己谈判。这时员工一般都是"狮子大开口"，让老板们进退两难。与其如此，不如主动应对。具体就是明确员工的年度考核办法，完善晋升机制，设定好员工工龄工资，用"小步快跑"的方式，让员工获得合理满意的薪资。

五、"不用空降兵等死，用了空降兵找死"

目前，中国的企业老板能与职业经理人"白头偕老"的估计凤毛麟角。原因大致有：一是大多数老板急功近利，没有中长期的战略打算，对短期内做不出业绩和销量的职业经理人忍耐度有限；二是职业经理人队伍本身成熟度不高，并且鱼龙混杂、泥沙俱下，多被老板们不屑与诟病；三是由于出身、视野、定位、性格、思维模式等方面不同，老板与职业经理人往往需要很长时间的磨合，可市场不等人，可能不等磨合完毕就一拍两散了。

对此，老板要清楚的还是经典的"木桶理论"：请了块"长板"（职业经理人）回来，自己木桶的其他板还是"短板"，没有和"长板"一样长或者向着"长板"的方向发展，就不可能有装更多水（出好业绩、好销量）的结果发生。而且这块"长板"很可能成为"短板"们的攻击对象，"木秀于林，风必摧之"，结果成了企业办公室政治和企业内耗的牺牲品。

六、没有大企业的命，却得了大企业的病

大企业病是什么病？多半是机构臃肿、人浮于事、效率低下。这是大企业随着组织、人员、流程扩大必然得的病，只有病的轻重之分，没有有没有病的问题。因此，问题不是想不想得这种病，而是怎么治疗。原IBM CEO 郭士纳写的一本书《与大象一起跳舞》，成为经管畅销书的原因就在这里。大企业虽然流程长、决策慢、速度低、反应不够灵敏，但这也是它的优点，决策失误少、系统稳定、抗风险的能力强。定制企业的老板多是"麻雀"（中小企业），本应该决策迅速、对市场反应灵敏、变化快、办事效率高，这是它的优势。但很多定制企业老板弄了个"麻雀虽小五脏俱全"，搞的机构、部门林立，管理层级太多，人浮于事，办事效率低下，硬是让自己罹患了大企业病。定制企业老板应该谨记：机构精简、人员精炼、层级减少、反应灵敏、决策迅速、效率高企、执行到位，是中小企业生存和发展的法宝，在发展和成长阶段需要长期坚持和追求。

七、小脚穿大鞋

坦白地讲，大多数的中国定制企业老板的学习能力是很强的，愿意去尝试和采纳新的思想和做法。但这是把双刃剑。对企业来讲，不管是理论、制度、模式、机制，没有先进与落后之分，只有适不适合。然而，很多老板不结合自己企业的发展阶段和资源现状，盲目地把别人推销给自己的所谓的先进理论、制度、模式、方法，在企业里上马和推广，让自己的小脚穿一双大鞋。不合脚，当然就执行不下去，弄得怨声载道。定制企业老板需要谨记：适合的才是最好的，不要让自己的脑袋成为别人的跑马场！

八、罹患了"品牌多动症"

移动互联网时代是一个信息爆炸的时代，要让消费者记住一个陌生的企业和品牌的成本是非常高的，投入是非常大的，是需要耗费老板们大量的资金和时间的。当前，大部分的家居建材企业品牌都还是默默无闻的行业品牌，能让大众叫得出来的品牌寥寥无几，家居建材企业品牌建设还有很长的路要走。但很多家居定制企业老板得了"品牌多动症"，对自己的品牌定位、品牌口号、品牌形象等朝令夕改，过一两年就换一下。为何老板们易患"品牌多动症"，因为在重要的品牌定位、品牌口号、品牌形象的确定上，需要深刻的市场判断和消费洞察，而大多数老板是靠

"拍脑袋"决策的,自己都没有自信和坚守,随波逐流,品牌自然就成了可以改来改去的玩偶。

定制企业老板需要谨记:品牌资产的积累在于始终如一的坚持,否则就谈不上品牌资产。看看恒源祥的"羊羊羊"、脑白金的"今年过节不收礼",他们深得中国品牌建设的精髓,让消费者记住是第一位的。定制行业做得最好的就是欧派,品牌传播语"有家有爱有欧派",十几年如一日的坚持。

九、快就是慢,慢就是快

很多定制企业老板,特别是做全国品牌的跨界老板,恨不得"城头遍插大王旗",以最快的速度完成全国网络和渠道的布局。看到全国地图上每个地方都插上小红旗的感觉是比较有成就感的。这导致很多企业老板盲目冒进。成为网络扩张速度的"黑马"相对容易,但要成为有网络质量的"白马"就绝非一日之功了。争取一个新顾客的成本是获得一个老顾客成本的四倍,而做烂了一个市场想重新再起炉灶,其投入比开拓一个新市场高出四倍,隐性成本非常大。所以,做不好,宁肯不做;准备不充分,宁肯不做。没有质量的快就是慢,有质量保证的慢就是快。这是所有老板们应该懂得的经营辩证法。

十、不会做人的做事老板

老板应该是会做事,还是会做人,或者既会做事也会做人?

关于这个问题，莫衷一是，没有标准答案。但就笔者的咨询顾问经验来说，小老板要会做事，中老板要既会做事又要会做人，大老板一定要更会做人。做事是靠智商，做人要靠情商，老板越大，情商应该越高，因为其主要任务是做人。一些老板的误区是把自己当成了冲锋陷阵的"做事先锋"，员工反倒在旁边袖手旁观。老板们请扪心自问，如果还需要你亲自做事，还请那么多人干吗？对于想做大的定制老板来讲，把人性琢磨透，把人情搞练达，把人心凝聚好，要比自己做事更重要、更关键，更能决定企业的发展，甚至生死！百得胜执行总裁张健总结的："人心人性利益分配"，就是老板会做人的行动指南。

最后，附一个定制行业老板六大能力模型，如图 16-1 所示，每个定制行业的老板可以对号入座，检验自己的能力长板、短板，全面提升经营管理能力。

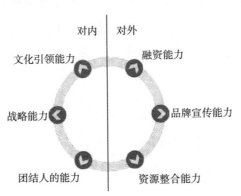

图 16-1　定制行业老板的能力模型

第十七章　如何做好人才培养与职业化教育

家居建材行业，包括定制行业，几乎都是民营企业，而且多半都是白手起家的。经过近 20 年的野蛮增长，定制行业终于走到了家居舞台的正中央，成为全民关注的焦点。定制行业崛起的历史，就是一部草根逆袭的历史。定制行业作为一个硬生生开辟出来的新行业，本身就不成熟，可"拿来主义"的也不多，没有成熟的模式和模板可以拷贝和借鉴，基本都是"摸着石头过河"，走到了今天。无论厂家还是经销商，定制行业的人才的培养也是"摸着石头过河"，经历了一个从最初的野蛮增长到近来职业化规范的漫长过程。

一、厂家对经销商放养、圈养、培养

第一阶段，从 2000 年到 2008 年，是放养。这个阶段，定制行业的厂家以跑马圈地招商为主，招完商之后，基本上让经销商自生自灭。经销商们各显其能，能生存下来的都是功夫好的"散打选手"，生存不下来的，厂家也无能为力，只能重新招商。大部分企业都没有设立专门的培训部门，厂家的招商经理、区域经理肩负着给经销商培训的职能。

　　第二阶段，从 2008 年到 2012 年，是圈养。这个阶段，很多厂家都建立了培训部门，负责对经销商终端导购人员、设计、安装三个岗位进行基础入门培训。这时候，很多厂家自身的培训力量还比较薄弱，一般会借助第三方的培训老师，在经销商年会进行培训或区域巡回培训，培训的深度和力度都是不够的。

　　第三阶段，从 2012 年至今，是培养。这个阶段，厂家对培训的重视程度越来越高，厂家的培训部门也日益壮大，人数增加、职能细分、课程细化，很多企业都成立了自己的商学院，走向规范化与正规化的职业教育。商学院除了对内的员工培训，主要是对新入职员工的培训，重点还是对外的经销商培训。定制行业内培训做得非常好的还是欧派，其培训老师的人数已经超过了 160 人，欧派的主动营销团队已经超过了 600 人。

　　现在，多数企业对经销商的培训与帮扶都仿效欧派，采用了市场化的运作机制，即"点将制"。企业里的终端培训师到终端，研发出对终端实用和实战的切实能帮到经销商的培训课件。然后，把这些培训师和其研发的优秀课件，明码标价，推荐给经销商，让经销商"点将"，花钱聘请培训师讲课。这样，在培训师之间就可以产生良性的竞争和 PK 机制。培训效果好的，对终端有帮助的培训师肯定会越来越受经销商的欢迎，被"点将"的次数越来越多，其个人收入越来越高，进而激励培训师不断提高自己的培训水平，研发出更多受终端欢迎的培训课件。这就实现了培训师、企业与经销商的"三赢"。不受经销商欢迎的培训师，则会逐步被市场（经销商）淘汰。

　　欧派作为行业内的风向标，早在上市前就启动了"HP计划"，通过招聘培养一批高素质的人才，输送给欧派的经销商，提高终端经销商的管理水平，取得更好的经营业绩。欧派"HP计划"，是"欧派黄埔精英代理商培养加盟计划"的简称。该计划拟在全国招募一批30~45周岁的具有211大学理工科专业背景的精英人才，在经过2个月左右的集中培训后，派往全国地级市以上城市（可依个人志愿选择地区）操盘欧派大家居市场营销（精英人才在培训期间薪资为1万元，工作期间年薪为25~100万元）。精英人才在经过1~2年跟原有大家居代理商密切合作后，大多数将转化为该城市控股操盘老板。欧派集团可为精英人才提供贷款作为原始入股资本。

　　其实任何行业，企业要做大，首要的问题是解决人才问题。欧派是靠经销商发展起来的（姚总多次提到欧派的树根理论，经销商就是欧派在全国的根基），欧派前期很多经销商都是安装工、设计师出身。他们动手能力非常强，在激烈的市场竞争中存活下来，并且通过欧派赚到了人生的第一个百万财富。现在欧派要发展大家居，很多经销商老板的能力跟不上，所以需要精英加盟。这也应该是欧派启动"HP计划"的初衷。

　　其实，在家电行业，类似的人才计划早在2000年左右就开始实施了。以空调为例，很多空调经销商都是安装工出身。空调和橱柜都是三分产品，七分安装的属性，所以安装工出身的老板更容易在早期市场中存活下来。后来空调品牌竞争加剧，市场集中趋势明显。很多安装工出身的经销商老板不能满足品牌厂家的发展需求。这个时候，空调厂家在区域设立销售公司，销售公司的操盘手由品牌厂家派遣指定（类似欧派"HP计划"），原来安装工出身的经销商只负责出钱做股东。而这些销售公司的操盘手年收入都是100万~1000万元。虽然欧派的100万元年薪比不上空调行业，但在定制行业还是非常有吸引力的。

欧派董事长姚良松在2017年2月19日欧派全球营销峰会上讲："竞争白热化，炮火连天，你如果真的跟不上，只能找个棉被把你放下！无需再说'我已跟你很久'，那只是一段缘而已。因为真正的规律是：谁无视炮火，炮火就会把他打成灰，灰飞烟灭！到时候真的别哭，不然我们将哭成一片！"这主要是针对欧派的经销商讲的。

姚良松此话一出，即成了定制行业厂家刷屏的金句。这说明强大如行业领头羊的欧派，对于经销商的培养依然任重道远。中小定制品牌，要走的路更长。

二、定制行业对职业经理人的培养

定制行业刚发展起来的时候，是非常缺乏职业经理人的。经过十几年的发展，职业经理人群体开始成熟起来。目前，可以说定制行业已经具备了一批有素养、有能力、有视野、有格局的职业经理人阶层。特别是随着定制行业多家公司上市，管理越来越规范，职业经理人的群体在未来十年会有更好的发展。

定制行业发展初期的职业经理人来源，主要是其他成熟行业，特别是成熟的家电行业。中国的家电行业是市场化最早，竞争也最激烈的行业，行业成熟度至少比定制行业提前十年。比如，先后在欧派、慕思任职的职业经理人姚吉庆，出身家电行业；定制行业上市公司好莱客的现任总经理周懿来自家电企业美的；笔者也是出身家电行业，曾先后在松下、海尔工作过十年。家电行业培养出来的职业经理人不仅受到定制行业的喜爱，许多家居建材行业的优秀经理人，如顾家的李东来，也是来自中国成熟的家电行业。

现在，很多二三线的品牌挖一线品牌的职业经理人，特别是2010年以后，跨界进入定制行业的品牌非常多，一线品牌的职业经理人成了香饽饽。很多一线品牌也成了定制行业输出职业经理人的"黄埔军校"。

家电行业很早就学习外企的"管理培训生"制度，采用了从大学招聘学生的培养机制。"管理培训生"制度做得最好的外企是宝洁。美的、海尔等国内家电一流企业，在2000年左右就形成了从大学招聘学生从头培养的机制。定制行业在2010年以后，多数一线品牌和二线品牌也采用了从大学招聘学生，从头系统培养的机制。2008年笔者任职皮阿诺营销总监时，开始引入"管理培训生"人才培养机制，连续培养了近百名营销人才，现在他们成了定制行业企业的优秀职业经理人的中坚力量。

定制行业未来会出现更多的企业商学院、企业大学，完成企业人才自我造血与职业化教育。作为企业未来发展的关键战略，企业大学是企业发展到一定阶段必须建立的人才育成平台。它由企业出资，以企业高级管理人员、一流的商学院教授及专业培训师为师资，通过实战模拟、案例研讨、互动教学等实效性教育手段，以培养企业内部中高级管理人才为目的。

目前，不少企业大学仅注重硬件设备的建设，在课程体系、信息化体系、讲师质量等方面的投入却不多，这种情况严重制约了企业大学的实质性发展。

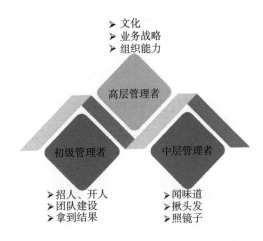

图 17 - 1　阿里巴巴干部培养"管理三板斧"课程体系

对于定制企业职业经理人，特别是管理团队的培养，阿里巴巴的培训体系可供定制行业参考。如图 17 - 1 所示，阿里巴巴针对干部培养有一个"管理三板斧"必修课培训体系，针对初级、中级和高级管理者分别做经理技能（Manager Skill）、管理者发展（Manager Development）和领导力（Leadership）三个层次的管理培训。每个层次内部又各有 3 门课，一共 9 门必修课。每个层级的管理者都必须通过各层级的培训与考核，才能晋级。

三、定制行业企业老板的进化路径

老板是没人教的，老板只有自我学习、自我否定、自我进化、自我成长。定制行业的老板也是如此。定制行业老板的进化路径分为三个阶段：

第一个阶段，就是"全能"老板。企业规模基本是从零到3亿元。定制行业草根起步的事实决定了很多定制企业的老板必须是"全能"的，要亲自抓营销、生产、产品、研发、管理、终端、品牌、财务……一切都要自己解决问题。老板是企业的绝对支柱，离开老板就玩不转。老板在管理上一竿子插到底，所有政策、制度、计划、盈亏都装在老板一个人的脑子里。这个阶段的老板是"英雄"老板，"英雄"老板能成就企业，但很难成就大企业。

第二个阶段，就是"无能"老板。企业规模基本是从3亿元到10亿元。这是老板进化的重要一关。老板从"逞能"到"示弱"，建立层级、建立流程、建立制度、建立规范，培养出自己的中间管理层，从自己在一线冲杀到培养下属在一线冲杀。对职业经理人充分信任授权，职业经理人靠前，老板靠后，"无为"是最大的"有为"。

我们对比家电行业老板与职业经理人的交班情况。2000年年初，海信老总周厚健由台前退到幕后，只担任一个挂名总裁，把他的女副手于淑珉推到了台前任执行总裁；联想集团在将业务一分为二的同时，柳传志将 36 岁的杨元庆和 37 岁的郭为分别推到了联想电脑和神州数码这两家子公司总裁的位置上；放眼看世界的张瑞敏在自己就任海尔集团 CEO 的同时，又让为海尔发展一直呕心沥血的杨绵绵担任了这家国际化公司的总裁；中国彩电业的标志性人物长虹集团董事长倪润峰，也在长虹分家之后交出经营大权，让 37 岁的赵勇担任四川长虹电器股份公司的总经理。

定制行业会出现这种交班情况吗？暂时不会。中国定制行业的老板大都是 70 后，现在正是年富力强、精力旺盛的时候，交班估计要在十年后了。

第三个阶段，就是"赋能"老板。企业规模从 10 亿元到 100 亿元以上。不得不说，随着移动互联网和 80 后、90 后成长为职场的主力军，现在的管理必须变天了。未来组织最重要的原则已经越来越清楚，那就是赋能，而不再是管理或者激励。赋能是近两年最热的词，英文是 enable，核心意思是怎样让别人有更大的能力去完成他们想要完成的事情。

互联网时代同时是一个创造力革命的时代。创造者最主要的驱动力是创造带来的成就感和社会价值，自我激励是他们的特征。这个和传统的体力劳动者，以及一般的知识劳动者都有根本的不同。他们最需要的不是激励，而是赋能，也就是为他们提供能更高效创造的环境和工具。

以科层制为特征、以管理为核心职能的公司正面临前所未有的挑战，未来的组织最重要的职能是提高创新的成功概率，而赋能创造者是达到这一目标的唯一方法。

那么，老板如何做好赋能？

第一，激励偏向的是事情结束之后的利益分享，而赋能强调的是激起创造者的兴趣和动力，给他合适的挑战。唯有发自内心的志趣才能激发持续的创造，命令不适用于他们。因此，组织的职能不再是分派任务和监工，而更多的是让员工的专长、兴趣和客户的问题有更好的匹配。

第二，赋能比激励更需要依赖文化。只有文化才能让志同道合的人走到一起，创造者再也不能用传统的方法去考核、去激励，公司的文化氛围本身就是奖励。能够和志同道合的人一起共同创造，对他们就是最好的奖励。

本质上他们都是自驱动、自组织的，对文化的认同非常较真。为了享受适合自己的文化，这些创造者愿意付出、拥护、共同创造。一个和他们的价值观、使命感吻合的文化才能让他们慕名而来聚在一起，奋发进取，因而组织的核心职能将演变成文化和价值观的营造。

原来老板大部分的精力都用在管理、盯人上。但实际上，怎样提供一个平台，让创造者之间能够有更多的互动，甚至是跨界的交流，让整个团队更好地产生创造力，这更需要老板花心思去探索和琢磨。这是企业之间竞争力的一个重要分水岭。

推荐作者得新书!

博瑞森征稿启事

亲爱的读者朋友:

感谢您选择了博瑞森图书!希望您手中的这本书能给您带来实实在在的帮助!

博瑞森一直致力于发掘好作者、好内容,希望能把您最需要的思想、方法,一字一句地交到您手中,成为管理知识与管理实践的桥梁。

但是我们也知道,有很多深入企业一线、经验丰富、乐于分享的优秀专家,或者忙于实战没时间,或者缺少专业的写作指导和便捷的出版途径,只能茫然以待……

还有很多在竞争大潮中坚守的企业,有着异常宝贵的实践经验和独特的洞察,但缺少专业的记录和整理者,无法让企业的经验和故事被更多的人了解、学习……

对读者而言,这些都太遗憾了!

博瑞森非常希望能将这些埋藏的"宝藏"发掘出来,贡献给广大读者,让更多的人从中受益。

所以,我们真心地邀请您,我们的老读者,帮我们搜寻:

推荐作者

可以是您自己或您的朋友,只要对本土管理有实践、有思考;可以是您通过网络、杂志、书籍或其他途径了解的某位专家,不管名气大小,只要他的思想和方法曾让您深受启发。

可以是管理类作品,也可以超出管理,各类优秀的社科作品或学术作品。

推荐企业

可以是您自己所在的企业,或者是您熟悉的某家企业,其创业过程、运营经历、产品研发、机制创新,等等。无论企业大小,只要乐于分享、有值得借鉴书写之处。

总之,好内容就是一切!

博瑞森绝非"自费出书",出版费用完全由我们承担。您推荐的作者或企业案例一经采用,我们会立刻向您赠送书币 1000 元,可直接换取任何博瑞森图书的纸书或电子书。

感谢您对本土管理原创、博瑞森图书的支持!

推荐投稿邮箱:bookgood@ 126. com　　　推荐手机:13611149991

1120 本土管理实践与创新论坛

这是由100多位本土管理专家联合创立的企业管理实践学术交流组织,旨在孵化本土管理思想、促进企业管理实践、加强专家间交流与协作。

论坛每年集中力量办好两件大事:第一,"**出一本书**",汇聚一年的思考和实践,把最原创、最前沿、最实战的内容集结成册,贡献给读者;第二,"**办一次会**",每年11月20日本土管理专家们汇聚一堂,碰撞思想、研讨案例、交流切磋、回馈社会。

论坛理事名单(以年龄为序,以示传承之意)

企业案例·老板传记

书名．作者	内容/特色	读者价值
你不知道的加多宝：原市场部高管讲述 曲宗恺 牛玮娜 著	前加多宝高管解读加多宝	全景式解读，原汁原味
借力咨询：德邦成长背后的秘密 官同良 王祥伍 著	讲述德邦是如何借助咨询公司的力量进行自身与发展的	来自德邦内部的第一线资料，真实、珍贵，令人受益匪浅
娃哈哈区域标杆：豫北市场营销实录 罗宏文 赵晓萌 等著	本书从区域的角度来写娃哈哈河南分公司豫北市场是怎么进行区域市场营销，成为娃哈哈全国第一大市场、全国增量第一高市场的一些操作方法	参考性、指导性、一线真实资料
六个核桃凭什么：从0过100亿 张学军 著	首部全面揭秘养元六个核桃裂变式成长的巨著	学习优秀企业的成长路径，了解其背后的理论体系
像六个核桃一样：打造畅销品的36个简明法则 王 超 范 萍 著	本书分上下两篇：包括"六个核桃"的营销战略历程和36条畅销法则	知名企业的战略历程极具参考价值，36条法则提供操作方法
解决方案营销实战案例 刘祖轲 著	用10个真案例讲明白什么是工业品的解决方案式营销，实战、实用	有干货，真正操作过的才能写得出来
招招见销量的营销常识 刘文新 著	如何让每一个营销动作都直指销量	适合中小企业，看了就能用
我们的营销真案例 联纵智达研究院 著	五芳斋粽子从区域到全国/诺贝尔瓷砖门店销量提升/利豪家具出口转内销/汤臣倍健的营销模式	选择的案例都很有代表性，实在、实操！
中国营销战实录：令人拍案叫绝的营销真案例 联纵智达 著	51个案例，42家企业，38万字，18年，累计2000余人次参与……	最真实的营销案例，全是一线记录，开阔眼界
双剑破局：沈坤营销策划案例集 沈 坤 著	双剑公司多年来的精选案例解析集，阐述了项目策划中每一个营销策略的诞生过程，策划角度和方法	一线真实案例，与众不同的策划角度令人拍案叫绝、受益匪浅
宗：一位制造业企业家的思考 杨 涛 著	1993年创业，引领企业平稳发展20多年，分享独到的心得体会	难得的一本老板分享经验的书
简单思考：AMT咨询创始人自述 孔祥云 著	著名咨询公司（AMT）的CEO创业历程中点点滴滴的经验与思考	每一位咨询人，每一位创业者和管理经营者，都值得一读
边干边学做老板 黄中强 著	创业20多年的老板，有经验、能写、又愿意分享，这样的书很少	处处共鸣，帮助中小企业老板少走弯路
三四线城市超市如何快速成长：解密甘雨亭 IBMG国际商业管理集团 著	国内外标杆企业的经验＋本土实践量化数据＋操作步骤、方法	通俗易懂，行业经验丰富，宝贵的行业量化数据，关键思路和步骤
中国首家未来超市：解密安徽乐城 IBMG国际商业管理集团 著	本书深入挖掘了安徽乐城超市的试验案例，为零售企业未来的发展提供了一条可借鉴之路	通俗易懂，行业经验丰富，宝贵的行业量化数据，关键思路和步骤

互联网＋

书名．作者	内容/特色	读者价值
新营销 刘春雄 著	新营销的新框架体系是场景是产品逻辑，IP是品牌逻辑，社群是连接逻辑，传播是营销逻辑	助力品牌商实现由传统营销到新营销的理念和行动的跨越，助力企业打赢升级转型之仗
企业微信营销全指导 孙 巍 著	专门给企业看到的微信营销书，手把手教企业从小白到微信营销专家	企业想学微信营销现在还不晚，两眼一抹黑也不怕，有这本书就够

互联网＋	企业网络营销这样做才对：B2B 大宗 B2C 张 进 著	简单直白拿来就用，各种窍门信手拈来，企业网络营销不麻烦也不用再头疼，一般人不告诉他	B2B、大宗 B2C 企业有福了，看了就能学会网络营销
	互联网时代的银行转型 韩友诚 著	以大量案例形式为读者全面展示和分析了银行的互联网金融转型应对之道	结合本土银行转型发展案例的书籍
	正在发生的转型升级·实践 本土管理实践与创新论坛 著	企业在快速变革期所展现出的管理变革新成果、新方法、新案例	重点突出对于未来企业管理相关领域的趋势研判
	触发需求：互联网新营销样本·水产 何足奇 著	传统产业都在苦闷中挣扎前行，本书通过鲜活的案例告诉你如何以需求链整合供应链，从而把大家熟知的传统行业打碎了重构、重做一遍	全是干货，值得细读学习，并且作者的理论已经经过了他亲自操刀的实践检验，效果惊人，就在书中全景展示
	移动互联新玩法：未来商业的格局和趋势 史贤龙 著	传统商业、电商、移动互联，三个世界并存，这种新格局的玩法一定要懂	看清热点的本质，把握行业先机，一本书搞定移动互联网
	微商生意经：真实再现 33 个成功案例操作全程 伏泓霖 罗晓慧 著	本书为 33 个真实案例，分享案例主人公在做微商过程中的经验教训	案例真实，有借鉴意义
	阿里巴巴实战运营——14 招玩转诚信通 聂志新 著	本书主要介绍阿里巴巴诚信通的十四个基本推广操作，从而帮助使用诚信通的用户及企业更好地提升业绩	基本操作，很多可以边学边用，简单易学
	阿里巴巴实战运营 2：诚信通热卖技巧 聂嵘海 著	诚信通 TOP 商家赚钱的密码箱，手把手教你操作，拿来就用	图文并茂，内容齐全，直接可以对照使用
	抖音营销如何做：未来抖商 刘大贺 著	解密从 0 到 1 亿粉丝的实操路径，深度剖析抖音营销全系统策略	企业做抖音营销的第一书
	微商团队长：从入门到精通 罗品牌 著	由浅入深，涵盖微商团队长必学技能的方方面面	只要照着做，就能当好微商团队长
	互联网精准营销 蒋 军 著	怎么在互联网时代整体策划、包装品牌和产品，并在此基础上为企业设计商业模式，技术实现并运营落地	为有基础的小微企业（大企业的新项目）1 年实现销售额过亿，2 年对接资本，3 年左右准 IPO
	今后这样做品牌：移动互联时代的品牌营销策略 蒋 军 著	与移动互联紧密结合，告诉你老方法还能不能用，新方法怎么用	今后这样做品牌就对了
	互联网＋"变"与"不变"：本土管理实践与创新论坛集萃·2016 本土管理实践与创新论坛 著	本土管理领域正在产生自己独特的理论和模式，尤其在移动互联时代，有很多新课题需要本土专家们一起研究	帮助读者拓宽眼界、突破思维
	创造增量市场：传统企业互联网转型之道 刘红明 著	传统企业需要用互联网思维去创造增量，而不是用电子商务去转移传统业务的存量	教你怎么在"互联网＋"的海洋中创造实实在在的增量
	重生战略：移动互联网和大数据时代的转型法则 沈 拓 著	在移动互联网和大数据时代，传统企业转型如同生命体打算与再造，称之为"重生战略"	帮助企业认清移动互联网环境下的变化和应对之道
	画出公司的互联网进化路线图：用互联网思维重塑产品、客户和价值 李 蓓 著	18 个问题帮助企业一步步梳理出互联网转型思路	思路清晰、案例丰富，非常有启发性
	7 个转变，让公司 3 年胜出 李 蓓 著	消费者主权时代，企业该怎么办	这就是互联网思维，老板有能这样想，肯定倒不了
	跳出同质思维，从跟随到领先 郭 剑 著	66 个精彩案例剖析，帮助老板突破行业长期思维惯性	做企业竟然有这么多玩法，开眼界

行业类:零售、白酒、食品/快消品、农业、医药、建材家居等

	书名·作者	内容/特色	读者价值
零售·超市·餐饮·服装	总部有多强大,门店就能走多远 IBMG 国际商业管理集团 著	如何把总部做强,成为门店的坚实后盾	了解总部建设的方法与经验
	超市卖场定价策略与品类管理 IBMG 国际商业管理集团 著	超市定价策略与品类管理实操案例和方法	拿来就能用的理论和工具
	连锁零售企业招聘与培训破解之道 IBMG 国际商业管理集团 著	围绕零售企业组织架构、培训体系建设等内容进行深刻探讨	破解人才发现和培养瓶颈的关键点
	中国首家未来超市:解密安徽乐城 IBMG 国际商业管理集团 著	介绍了乐城作为中国首家未来超市从无到有的传奇经历	了解新型零售超市的运作方式及管理特色
	三四线城市超市如何快速成长:解密甘雨亭 IBMG 国际商业管理集团 著	揭秘一家三四线连锁超市的经验策略	不但可以欣赏它的优点,而且可以学会它成功的方法
	新零售 新终端 迪智成咨询团队 著	梳理和提炼新零售的系统打法,将之落地在新终端建设上	让新零售这一看似形而上的商业概念有了可以落地的立足点
	新零售动作分解:建材 家居家具 盛斌子 著	第一本锁定在家居建材、家电家装等耐用消费品领域谈新零售的书	第一本谈新零售的具体动作、策略、方法、招术的书,拿来就用
	新零售进化趋势与未来格局 李政权 著	通过业态、品类、体验、场景等,逐一呈现新零售的未来进化	就新零售未来的发展方向与进化趋势给出一个确定性的未来
	涨价也能卖到翻 村松达夫 【日】	提升客单价的 15 种实用、有效的方法	日本企业在这方面非常值得学习和借鉴
	移动互联下的超市升级 联商网专栏频道 著	深度解析超市转型升级重点	帮助零售企业把握全局、看清方向
	手把手教你做专业督导:专卖店、连锁店 熊亚柱 著	从督导的职能、作用,在工作中需要的专业技能、方法,都提供了详细的解读和训练办法,同时附有大量的表单工具	无论是店铺需要统一培训,还是个人想成为优秀的督导,有这一本就够了
	百货零售全渠道营销策略 陈继展 著	没有照本宣科、说教式的絮叨,只有笔者对行业的认知与理解,庖丁解牛式的逐项解析、展开	通俗易懂,花极少的时间快速掌握该领域的知识及趋势
	零售:把客流变成购买力 丁昀 著	如何通过不断升级产品和体验式服务来经营客流	如何进行体验营销,国外的好经营,这方面有启发
	餐饮企业经营策略第一书 吴坚 著	分别从产品、顾客、市场、盈利模式等几个方面,对现阶段餐饮企业的发展提出策略和思路	第一本专业的、高端的餐饮企业经营指导书
	餐饮新营销 杨勇 程绍珊 著	在新环境下,对餐饮营销管理进行了全面深入的解读,提供了方式方法	全面性、系统性,区别于市面上的纯操作类作品
	电影院的下一个黄金十年:开发·差异化·案例 李保煜 著	对目前电影院市场存大的问题及如何解决进行了探讨与解读	多角度了解电影院运营方式及代表性案例
	赚不赚钱靠店长:从懂管理到会经营 孙彩军 著	通过生动的案例来进行剖析,注重门店管理细节方面的能力提升	帮助终端门店店长在管理门店的过程中实现经营思路的拓展与突破
耐消品	商用车经销商运营实战 杜建君 王朝阳 章晓青 等著	从管理到经营,从销售到服务,系统化运作全指导	为经销商经营开阔思路,掌握方法
	汽车配件这样卖:汽车后市场销售秘诀 100 条 俞士耀 著	汽配销售业务员必读,手把手教授最实用的方法,轻松得来好业绩	快速上岗,专业实效,业绩无忧

耐消品	润滑油销售:这样说这样做更有效 张金荣 著	针对渠道、经销商、终端的超实用话术	上车看,下车用,3分钟就能学会。
	新经销:新零售时代,教你做大商 黄润霖 著	从选址、产品、促销、团队、规模阐述新经销变与不变的市场手法和操作思路	实地拜访近100位经销商在传统营销手法上的创新、新营销工具的发现
	珠宝黄金新营销 崔德乾 著	营销、品牌、产品、连接、场景、社群、服务、传播、管理及产业价值链	新营销在珠宝行业的实战应用,业内必备第一书
	跟行业老手学经销商开发与管理:家电、耐消品、建材家居 黄润霖 著	全部来源于经销商管理的一线问题,作者用丰富的经验将每一个问题落实到最便捷快速的操作方法上去	书中每一个问题都是普通营销人亲口提出的,这些问题你也会遇到,作者进行的解答则精彩实用
白酒	酒水饮料快消品餐饮渠道营销手册 朱伟杰 著	主要针对快消品(酒水、饮料)的餐饮渠道,提供了区域、商圈、不同业态的规划和促销安排等多种工具,并提出了经销商、批发商等相关人员的管理方法	一本酒水饮料如何在餐饮渠道销售的全能手册,内容深入翔实,可以直接照搬套用,这样的便利简直千金不换
	白酒到底如何卖 赵海永 著	以市场实战为主,多层次、全方位、多角度地阐释了白酒一线市场操作的最新模式和方法,接地气	实操性强,37个方法、6大案例帮你成功卖酒
	变局下的白酒企业重构 杨永华 著	帮助白酒企业从产业视角看清趋势,找准位置,实现弯道超车的书	行业内企业要减少90%,自己在什么位置,怎么做,都清楚了
	1.白酒营销的第一本书(升级版) 2.白酒经销商的第一本书 唐江华 著	华泽集团湖南开口笑公司品牌部长,擅长酒类新品推广、新市场拓展	扎根一线,实战
	区域型白酒企业营销必胜法则 朱志明 著	为区域型白酒企业提供35条必胜法则,在竞争中赢销的葵花宝典	丰富的一线经验和深厚积累,实操实用
	10步成功运作白酒区域市场 朱志明 著	白酒区域操盘者必备,掌握区域市场运作的战略、战术、兵法	在区域市场的攻伐防守中运筹帷幄,立于不败之地
	酒业转型大时代:微酒精选2014-2015 微酒 主编	本书分为五个部分:当年大事件、那些酒业营销工具、微酒独立策划、业内大调查和十大经典案例	了解行业新动态、新观点,学习营销方法
快消品·食品	中国快消品营销的这些年 史贤龙 著	作者精华文章的合集,一本书浓缩了过去十五年,中国营销的实战历程与前沿思考	快消品营销行业的案例和方法都原汁原味呈现,在反映当时风貌的同时,展望与反思
	营销中国茶:2小时读懂茶叶营销 史贤龙 著	从不同视角对中国的茶营销进行了思考,内容涉及中国茶产业战略困境、茶企规模化、茶品牌崛起、茶文化、茶营销、茶消费、茶零售、茶道等	内容丰富扎实,文字流畅,浓缩的都是精华,让你2小时读懂茶叶营销
	这样打造快消品标杆市场 罗宏文 著	帮助你解决如何成功打造标杆市场和进行持续增量管理两大问题	一套系统的方法论,通俗易懂,可以直接套用
	5小时读懂快消品营销:中国快消品案例观察 陈海超 著	多年营销经验的一线老手把案例掰开了,揉碎了,从中得出的各种手段和方法给读者以帮助和启发	营销那些事儿的个中秘辛,求人还不一定告诉你,这本书里就有
	快消品招商的第一本书:从入门到精通 刘雷 著	深入浅出,不说废话,有工具方法,通俗易懂	让零基础的招商新人快速学习书中最实用的招商技能,成长为骨干人才
	乳业营销第一书 侯军伟 著	对区域乳品企业生存发展关键性问题的梳理	唯一的区域乳业营销书,区域乳品企业一定要看

	金龙鱼背后的粮油帝国 余 盛 著	讲述金龙鱼品牌及母公司丰益国际的商业冒险故事	在精彩的阅读体验中学到营销管理的方法
快消品·食品	食用油营销第一书 余 盛 著	10多年油脂企业工作经验,从行业到具体实操	食用油行业第一书,当之无愧
	中国茶叶营销第一书 柏 龑 著	如何跳出茶行业"大文化小产业"的困境,作者给出了自己的观察和思考	不是传统做茶的思路,而是现在商业做茶的思路
	调味品企业八大必胜法则 张 戟 著	八大规律性的关键成功要素,背后都有本土调味品企业的成功实践	"观点阐述+案例描述",行业必读
	调味品营销第一书 陈小龙 著	国内唯一一本调味品营销的书	唯一的调味品营销的书,调味品的从业者一定要看
	快消品营销人的第一本书:从入门到精通 刘 雷 伯建新 著	快消行业必读书,从入门到专业	深入细致,易学易懂
	变局下的快消品营销实战策略 杨永华 著	通胀了,成本增加,如何从被动应战变成主动的"系统战"	作者对快消品行业非常熟悉、非常实战
	快消品经销商如何快速做大 杨永华 著	本书完全从实战的角度,评述现象,解析误区,揭示原理,传授方法	为转型期的经销商提供了解决思路,指出了发展方向
	快消品营销:一位销售经理的工作心得2 蒋 军 著	快消品、食品饮料营销的经验之谈,重点图书	来源与实战的精华总结
	快消品营销与渠道管理 谭长春 著	将快消品标杆企业渠道管理的经验和方法分享出来	可口可乐、华润的一些具体的渠道管理经验,实战
	成为优秀的快消品区域经理(升级版) 伯建新 著	用"怎么办"分析区域经理的工作关键点,增加30%全新内容,更贴近环境变化	可以作为区域经理的"速成催化剂"
	销售轨迹:一位快消营销总监的拼搏之路 秦国伟 著	本书讲述了一个普通销售员打拼成为跨国企业营销总监的真实奋斗历程	激励人心,给广大销售员以力量和鼓舞
	快消老手都在这样做:区域经理操盘锦囊 方 刚 著	非常接地气,全是多年沉淀下来的干货,丰富的一线经验和实操方法不可多得	在市场摸爬滚打的"老油条",那些独家绝招妙招一般你都是问不来的
	动销四维:全程辅导与新品上市 高继中 著	从产品、渠道、促销和新品上市详细讲解提高动销的具体方法,总结作者18年的快消品行业经验,方法实操	内容全面系统,方法实操
农业	饲料营销有方法:策略 案例 工具 陈石平 著	跳出饲料看饲料,根据饲料营销的关键成功要素(KSF)提出7大核心命题	紧跟农牧产业发展大势,提高饲料企业营销竞争力
	新农资如何换道超车 刘祖轲 等著	从农业产业化、互联网转型、行业营销与经营突破四个方面阐述如何让农资企业占领先机、提前布局	南方略专家告诉你如何应对资源浪费、生产效率低下、产能严重过剩、价格与价值严重扭曲等
	中国牧业管理实战:畜牧业、乳业必读 黄剑黎 著	本书不仅提供了来自一线的实际经验,还收入了丰富的工具文档与表单	填补空白的行业必读作品
	中小农业企业品牌战法 韩 旭 著	将中小农业企业品牌建设的方法,从理论讲到实践,具有指导性	全面把握品牌规划,传播推广,落地执行的具体措施
	农资营销实战全指导 张 博 著	农资如何向"深度营销"转型,从理论到实践进行系统剖析,经验资深	朴实、使用!不可多得的农资营销实战指导
	农产品营销第一书 胡浪球 著	从农业企业战略到市场开拓、营销、品牌、模式等	来源于实践中的思考,有启发
	变局下的农牧企业9大成长策略 彭志雄 著	食品安全、纵向延伸、横向联合、品牌建设……	唯一的农牧企业经营实操的书,农牧企业一定要看

医药	在中国,医药营销这样做:时代方略精选文集 段继东 主编	专注于医药营销咨询15年,将医药营销方法的精华文章合编,深入全面	可谓医药营销领域的顶尖著作,医药界读者的必读书
	医药新营销:制药企业、医药商业企业营销模式转型 史立臣 著	医药生产企业和商业企业在新环境下如何做营销?老方法还有没有用?如何寻找新方法?新方法怎么用?本书给你答案	内容非常现实接地气,踏实谈问题说方法
	医药企业转型升级战略 史立臣 著	药企转型升级有5大途径,并给出落地步骤及风险控制方法	实操性强,有作者个人经验总结及分析
	新医改下的医药营销与团队管理 史立臣 著	探讨新医改对医药行业的系列影响和医药团队管理	帮助理清思路,有一个框架
	医药营销与处方药学术推广 马宝琳 著	如何用医学策划把"平民产品"变成"明星产品"	有真货、讲真话的作者,堪称处方药营销的经典!
	医药行业大洗牌与药企创新 林延君 沈 斌 著	一方面,围绕着变革,多角度阐述药企的应对之道;另一方面,紧扣实践,介绍近百家医药企业创新实践案例	医改变革10年,医药企业如何应对大洗牌?重磅出击的药企人必读书
	新医改了,药店就要这样开 尚 锋 著	药店经营、管理、营销全攻略	有很强的实战性和可操作性
	电商来了,实体药店如何突围 尚 锋 著	电商崛起,药店该如何突围?本书从促销、会员服务、专业性、客单价等多重角度给出了指导方向	实战攻略,拿来就能用
	OTC医药代表药店销售36计 鄢圣安 著	以《三十六计》为线,写OTC医药代表向药店销售的一些技巧与策略	案例丰富,生动真实,实操性强
	OTC医药代表药店开发与维护 鄢圣安 著	要做到一名专业的医药代表,需要做什么、准备什么、知识储备、操作技巧等	医药代表药店拜访的指导手册,手把手教你快速上手
	引爆药店成交率1:店员导购实战 范月明 著	一本书解决药店导购所有难题	情景化、真实化、实战化
	引爆药店成交率2:经营落地实战 范月明 著	最接地气的经营方法全指导	揭示了药店经营的几类关键问题
	引爆药店成交率:专业化销售解决方案 范月明 著	药品搭配分析与关联销售	为药店人专业化助力
	处方药合规推广实战宝典 赵佳震 著	推广体系搭建、推广人员岗位工作内容、推广服务外包商管理等六个方面	解决"医药代表转型"和"推广服务外包商管理"的困惑
	医药代理商实操全指导:新环境 新战法 戴文杰 著	结合医药市场政策环境解读新环境下医药招商的战法,着重分析药品产业链的盈利机会	医药销售业务人员的必备读物
	攻略基层诊所:医药营销这样做 张江民 著	对基层诊所的开发、维护和动销,拿来就用的方式方法	实战是本书的主旨,只要用心去看,就能在基层诊所市场中运用
	互联网医药的未来 动脉网 编著	介绍了互联网医药发展的现状与趋势	帮助创业者和投资人看清未来,把握当下
	处方药零售这样做 田 军 著	阐述了处方药零售的重要性,以及做处方药零售市场的具体措施和方法	系统性了解和掌握处方药零售方法
建材家居	成为最赚钱的家具建材经销商 李治江 著	从销售模式、产品、门店等老板们最关注和最需要的方面解决问题、提供方法	只要你是建材、家具、家居用品的经销商老板,这就是一本必读的书
	定制家居黄金十年 韩 锋 翁长华 著	梳理了定制家居的商业模式和发展情况	帮助定制家居看清方向,把握当下
	家具建材促销与引流 薛 亮 李永峰 著	十大促销模式的详细方法和工具	让你天天签大单

	书名 / 作者	内容	评价
建材家居	家具行业操盘手 王献永 著	家具行业问题的终结者	解决了干家具还有没有前途？为什么同城多店的家具经销商很难做大做强等问题
	建材家居营销:除了促销还能做什么 孙嘉晖 著	一线老手的深度思考,告诉你在建材家居营销模式基本停滞的今天,除了促销,营销还能怎么做	给你的想法一场革命
	建材家居营销实务 程绍珊 杨鸿贵 主编	价值营销运用到建材家居,每一步都让客户增值	有自己的系统、实战
	家居建材门店6力爆破 贾同领 著	合盘道出一线品牌销量秘籍	6力招招见血,既有招数,又有策略
	建材家居门店销量提升 贾同领 著	店面选址、广告投放、推广助销、空间布局、生动展示、店面运营等	门店销量提升是一个系统工程,非常系统、实战
	10步成为最棒的建材家居门店店长 徐伟泽 著	实际方法易学易用,让员工能够迅速成长,成为独当一面的好店长	只要坚持这样干,一定能成为好店长
	手把手帮建材家居导购业绩倍增:成为顶尖的门店店员 熊亚柱 著	生动的表现形式,让普通人也能成为优秀的导购员,让门店业绩长红	读着有趣,用着简单,一本在手、业绩无忧
	建材家居经销商实战42章经 王庆云 著	告诉经销商:老板怎么当、团队怎么带、生意怎么做	忠言逆耳,看着不舒服就对了,实战总结,用一招半式就值了
工业品	销售是门专业活:B2B、工业品 陆和平 著	销售流程就应该跟着客户的采购流程和关注点的变化向前推进,将一个完整的销售过程分成十个阶段,提供具体方法	销售不是请客吃饭拉关系,是个专业的活计!方法在手,走遍天下不愁
	解决方案营销实战案例 刘祖轲 著	用10个真案例讲明白什么是工业品的解决方案式营销,实战、实用	有干货,真正操作过的才能写得出来
	变局下的工业品企业7大机遇 叶敦明 著	产业链条的整合机会、盈利模式的复制机会、营销红利的机会、工业服务商转型机会……	工业品企业还可以这样做,思维大突破
	工业品市场部实战全指导 杜忠 著	工业品市场部经理工作内容全指导	系统、全面、有理论、有方法,帮助工业品市场部经理更快提升专业能力
	工业品营销管理实务 李洪道 著	中国特色工业品营销体系的全面深化、工业品营销管理体系优化升级	工具更实战,案例更鲜活,内容更深化
	工业品企业如何做品牌 张东利 著	为工业品企业提供最全面的品牌建设思路	有策略、有方法、有思路、有工具
	丁兴良讲工业4.0 丁兴良 著	没有枯燥的理论和说教,用朴实直白的语言告诉你工业4.0的全貌	工业4.0是什么?本书告诉你答案
	资深大客户经理:策略准,执行狠 叶敦明 著	从业务开发、发起攻势、关系培育、职业成长四个方面,详述了大客户营销的精髓	满满的全是干货
	两化融合管理系统贯标流程与方法 戴勇 张华杰 张百荣 编著	全面梳理贯标流程和方法	帮助企业成功贯标
	一切为了订单:订单驱动下的工业品营销实战 唐道明 著	其实,所有的企业都在围绕着两个字在开展全部的经营和管理工作,那就是"订单"	开发订单、满足订单、扩大订单。本书全是实操方法,字字珠玑、句句干货,教你获得营销的胜利
金融	交易心理分析 (美)马克·道格拉斯 著 刘真如 译	作者一语道破赢家的思考方式,并提供了具体的训练方法	不愧是投资心理的第一书,绝对经典
	精品银行管理之道 崔海鹏 何屹 主编	中小银行转型的实战经验总结	中小银行的教材很多,实战类的书很少,可以看看

	书名 . 作者	内容/特色	读者价值
金融	支付战争 Eric M. Jackson 著 徐彬 王晓 译	PayPal 创业期营销官,亲身讲述 PayPal 从诞生到壮大到成功出售的整个历史	激烈、有趣的内幕商战故事! 了解美国支付市场的风云巨变
	中外并购名著专业阅读指南 叶兴平 等著	在 5000 多本并购类图书中精选的 200 著作,在阅读的基础上写的读书评价	精挑细选 200 本并一一评介,省去读者挑选的烦恼,快捷、高效
	新三板信息披露全流程:操作与工具 和珩科技 著	详细拆解董秘日常工作过程中所需的信息披露流程	董秘案头必备用书
	成功并购 300 本:一本书搞定并购难题 浩德军师并购联盟 著	从财务,税务,法律等角度详细解答疑问	能解决 80% 的并购问题
	互联网时代的银行转型 韩友诚 著	以大量案例形式为读者全面展示和分析了银行的互联网金融转型应对之道	结合本土银行转型发展案例的书籍
房地产	产业园区/产业地产规划、招商、运营实战 阎立忠 著	目前中国第一本系统解读产业园区和产业地产建设运营的实战宝典	从认知、策划、招商到运营全面了解地产策划
	人文商业地产策划 戴欣明 著	城市与商业地产战略定位的关键是不可复制性,要发现独一无二的"味道"	突破千城一面的策划困局
	中国城市群房地产投资策略 吕俊博 著	全方位、多角度分析城市群房地产现状是趋势	让亿元资产投资更理性、更安全
	电影院的下一个黄金十年:开发·差异化·案例 李保煜 著	对目前电影院市场存大的问题及如何解决进行了探讨与解读	多角度了解电影院运营方式及代表性案例
能源	全能型班组:城市能源互联网与电力班组升级 国网天津市电力公司 编著	借鉴国内外优秀企业的转型升级思路,通过对于新型班组组织模式和运行机制的大胆设想,力图构建充分适应内外环境变化的全能型班组	看看庞大的国企在新环境下是如何顺应时代的
	国网天津电力全能型班组建设实务 国网天津市电力公司 编著	本书聚焦于天津电力公司在探索全能型班组转型升级时的优秀实践	电力行业的班组实践,具体、可操作性强

经营类:企业如何赚钱,如何抓机会,如何突破,如何"开源"

	书名 . 作者	内容/特色	读者价值
抓方向	让经营回归简单. 升级版 宋新宇 著	化繁为简抓住经营本质:战略、客户、产品、员工、成长	经典,做企业就这几个关键点!
	混沌与秩序Ⅰ:变革时代企业领先之道 混沌与秩序Ⅱ:变革时代管理新思维 彭剑锋 尚艳玲 主编	汇集华夏基石专家团队 10 年来研究成果,集中选择了其中的精华文章编纂成册	作者都是既有深厚理论积淀又有实践经验的重磅专家,为中国企业和企业家的未来提出了高屋建瓴的观点
	活系统:跟任正非学当老板 孙行健 尹贤 著	以任正非的独到视角,教企业老板如何经营公司	看透公司经营本质,激活企业活力
	重构:快消品企业重生之道 杨永华 著	从 7 个角度,帮助企业实现系统性的改造	提供转型思想与方法,值得参考
	公司由小到大要过哪些坎 卢强 著	老板手里的一张"企业成长路线图"	现在我在哪儿,未来还要走哪些路,都清楚了
	企业二次创业成功路线图 夏惊鸣 著	企业曾经抓住机会成功了,但下一步该怎么办?	企业怎样获得第二次成功,心里有个大框架了
	老板经理人双赢之道 陈明 著	经理人怎样选平台、怎么开局,老板怎样选/育/用/留	老板生闷气,经理人牢骚大,这次知道该怎么办了

抓方向	简单思考:AMT 咨询创始人自述 孔祥云 著	著名咨询公司(AMT)的 CEO 创业历程中点点滴滴的经验与 思考	每一位咨询人,每一位创业者和管理 经营者,都值得一读
	企业文化的逻辑 王祥伍 黄健江 著	为什么企业绩效如此不同,解开 绩效背后的文化密码	少有的深刻,有品质,读起来很流畅
	使命驱动企业成长 高可为 著	钱能让一个人今天努力,使命 能让一群人长期努力	对于想做事业的人,'使命'是绕不过 去的
思维突破	盈利原本就这么简单 高可为 著	从财务的角度揭示企业盈利的 秘密	多方面解读商业模式与盈利的关系, 通俗易懂,受益匪浅
	经营:打造你的盈利系统 高可为 著	从盈利角度梳理了系统化的经 营方式	让企业掌舵者把控经营全局
	创模式:23 个行业创新案例 段传敏 著	23 位行业精英的创新对话	创业者、转型者的实战参考
	企业良性成长:用顶层设计突 破瓶颈 刘建兆 著	全方位介绍企业顶层设计的方 法和思路	帮助企业用顶层设计突破成长瓶颈
	移动互联新玩法:未来商业的格 局和趋势 史贤龙 著	传统商业、电商、移动互联,三 个世界并存,这种新格局的玩 法一定要懂	看清热点的本质,把握行业先机,一 本书搞定移动互联网
	画出公司的互联网进化路线 图:用互联网思维重塑产品、客 户和价值 李蓓 著	18 个问题帮助企业一步步梳理 出互联网转型思路	思路清晰、案例丰富,非常有启发性
	重生战略:移动互联网和大数据 时代的转型法则 沈拓 著	在移动互联网和大数据时代, 传统企业转型如同生命体打算 与再造,称之为"重生战略"	帮助企业认清移动互联网环境下的 变化和应对之道
	创造增量市场:传统企业互联 网转型之道 刘红明 著	传统企业需要用互联网思维去 创造增量,而不是用电子商务 去转移传统业务的存量	教你怎么在"互联网＋"的海洋中创 造实实在在的增量
	7 个转变,让公司 3 年胜出 李蓓著	消费者主权时代,企业该怎么 办	这就是互联网思维,老板有能这样想, 肯定倒不了
	跳出同质思维,从跟随到领先 郭剑 著	66 个精彩案例剖析,帮助老板突 破行业长期思维惯性	做企业竟然有这么多玩法,开眼界
	互联网＋"变"与"不变":本土 管理实践与创新论坛集萃· 2016 本土管理实践与创新论坛 著	加速本土管理思想的孕育诞 生,促进本土管理创新成果更 好地服务企业、贡献社会	各个作者本年度最新思想,帮助读者 拓宽眼界、突破思维
	消费升级:实践 研究(文集) 本土管理实践与创新论坛 著	38 位管理专家及 7 位学者的精 华思想,从经营、管理、行业及 思想研究四个方面阐述中国企 业在消费升级下的实践与研究	思想启发,行业借鉴
财务	写给企业家的公司与家庭财务 规划——从创业成功到富足退 休 周荣辉 著	本书以企业的发展周期为主 线,写各阶段企业与企业主家 庭的财务规划	为读者处理人生各阶段企业与家庭 的财务问题提供建议及方法,让家庭 成员真正享受财富带来的益处
	互联网时代的成本观 程翔 著	本书结合互联网时代提出了成 本的多维观,揭示了多维组合 成本的互联网精神和大数据特 征,论述了其产生背景、实现思 路和应用价值	在传统成本观下为盈利的业务,在新 环境下也许就成为亏损业务。帮助 管理者从新的角度看待成本,进一 步做好精益管理

	书名．作者	内容/特色	读者价值
财务	财报背后的投资机会 蒋 豹 著	以具体的公司案例分析,教你迅速看出财务报表与企业经营的关系、所反映的企业经营现状,从而找到投资机会	前四大会计所员工为读者解密财报,发现投资机会

管理类:效率如何提升,如何实现经营目标,如何"节流"

	书名．作者	内容/特色	读者价值
通用管理	让管理回归简单·升级版 宋新宇 著	从目标、组织、决策、授权、人才和老板自己层面教你怎样做管理	帮助管理抓住管理的要害,让管理变得简单
	让经营回归简单·升级版 宋新宇 著	从战略、客户、产品、员工、成长、经营者自身等七个方面,归纳总结出简单有效的经营法则	总结出的真正优秀企业的成功之道:简单
	让用人回归简单 宋新宇 著	从用人的原则、用人的难题与误区、用人的方法和用人者的修炼四大方面,总结出适合中小企业做好人才管理工作的法则	帮助管理者抓住用人的要害,让用人变得简单
	历史深处的管理智慧1:组织建设与用人之道 刘文瑞 著	对历史之典故、政事、人事、政制进行管理解析,鉴照企业人才的选用育留	推动理论与实践的对接,实现理性与情感的渗透,用中国话语说明管理智慧
	历史深处的管理智慧2:战略决策与经营运作 刘文瑞 著	对历史之典故、政事、人事、政制进行管理解析,鉴照企业战略设计与经营实践	推动理论与实践的对接,实现理性与情感的渗透,用中国话语说明管理智慧
	历史深处的管理智慧3:领导修炼与文化素养 刘文瑞 著	对历史之典故、政事、人事、政制进行管理解析,鉴照企业领导职业能力提升与文化修养	推动理论与实践的对接,实现理性与情感的渗透,用中国话语说明管理智慧
	管理的尺度 刘文瑞 著	对管理中的种种普遍性问题进行了批评	提高把握管理尺度的能力
	管理学在中国 刘文瑞 著	系统性介绍了管理学在中国的发展和演变	了解管理学在中国的发展脉络,更清晰理解管理学的本质
	看电影,懂管理 刘文瑞 著	16部经典电影,带你感悟管理智慧	能够帮助读者放松身心,驰骋想象,在不知不觉中增长智慧
	管理:以规则驾驭人性 王春强 著	详细解读企业规则的制定方法	从人与人博弈角度提升管理的有效性
	打造集成供应链:走出挂一漏十的改善困境 王春强 著	详解集成供应链全过程	帮助企业优化供应链管理
	用好骨干员工:关键人才培养与激励 王 敏 著	系统化分享关键人才打造与激励方法	企业能实在用人的最大化价值
	改变世界的管理学大师1:管理学的前世今生 刘文瑞 编著	介绍了古典管理学时期的大师事迹和思想	深入了解管理大师们的思想和智慧
	成为企业欢迎的咨询师 张国祥 著	从调研到落地,手把手教你咨询流程	不走弯路,方便直接的学到老咨询师的套路
	员工心理学超级漫画版 邢 雷 著	以漫画的形式深度剖析员工心理	帮助管理者更了解员工,从而更轻松地管理员工
	老板有想法,高层有干法:企业中的将帅之道 王清华 著	深入剖析老板与高管的异同	各司其职,各行其是,相辅相成
	分股合心:股权激励这样做 段磊 周剑 著	通过丰富的案例,详细介绍了股权激励的知识和实行方法	内容丰富全面、易读易懂,了解股权激励,有这一本就够了
	边干边学做老板 黄中强 著	创业20多年的老板,有经验、能写、又愿意分享,这样的书很少	处处共鸣,帮助中小企业老板少走弯路

	书名/作者	内容简介	推荐语
通用管理	成为敏感而体贴的公司 王　涛　著	本书为作者对企业的观察和冥想的随笔记录。从生活中的一个现象入手，进而探索现象背后的本质	从全新角度认识公司
	中国企业的觉醒：正直　善良　成长 王　涛　著	围绕着企业人如何发生转化展开，对中国人、中国文化及由此导致的企业现状的观察和思考	企业除了要利润，还需要道德
	有意识的思考：轻松化解问题的7个思考习惯 王　涛　著	本书是对思想、思考过程、思考方式进行的细致观察	养成好的思考习惯，更深刻地看问题
	中国式阿米巴落地实践之从交付到交易 胡八一　著	本书主要讲述阿米巴经营会计，"从交付到交易"，这是成功实施了阿米巴的标志	阿米巴经营会计的工作是有逻辑关联的，一本书就能搞定
	中国式阿米巴落地实践之激活组织 胡八一　著	重点讲解如何科学划分阿米巴单元，阐述划分的实操要领、思路、方法、技术与工具	最大限度减少"推行风险"和"摸索成本"，利于公司成功搭建适合自身的个性化阿米巴经营体系
	中国式阿米巴落地实践之持续盈利 胡八一　著	把企业做成平台，企业才能做大（格局）；把平台做成阿米巴，企业才能做强（专业）；把阿米巴做成合伙制，企业才能做久（机制）	中国式阿米巴落地实践三部曲的最后一部，告诉你企业如何做大做强做久
	集团化企业阿米巴实战案例 初勇钢　著	一家集团化企业阿米巴实施案例	指导集团化企业系统实施阿米巴
	阿米巴经营的中国模式 李志华　著	让员工从"要我干"到"我要干"，价值量化出来	阿米巴在企业如何落地，明白思路了
	欧博心法：好管理靠修行 曾　伟　著	用佛家的智慧，深刻剖析管理问题，见解独到	如果真的有'中国式管理'，曾老师是其中标志性人物
	领导这样点燃你的下属 孟广桥　著	领导者如何才能让员工积极主动地工作？如何让你的员工和下属保持工作的热情，自动自发？看了这本书就知道	只要你希望手下的"兵将"永远充满工作的斗志，这本书将使你获益良多
流程管理	1. 用流程解放管理者 2. 用流程解放管理者2 张国祥　著	中小企业阅读的流程管理、企业规范化的书	通俗易懂，理论和实践的结合恰到好处
	跟我们学建流程体系 陈立云　著	畅销书《跟我们学做流程管理》系列，更实操，更细致，更深入	更多地分享实践，分享感悟，从实践总结出来的方法论
	人人都要懂流程 金国华　余雅丽　著	当前各企业流程管理方面最为典型的痛点现象及问题案例	通俗易懂，适合企业全员阅读
质量管理	IATF16949质量管理体系详解与案例文件汇编：TS16949转版IATF16949:2016 谭洪华　著	针对IATF的新标准做了详细的解说，同时指出了一些推行中容易犯的错误，提供了大量的表单、案例	案例、表单丰富，拿来就用
	五大质量工具详解及运用案例：APQP/FMEA/PPAP/MSA/SPC 谭洪华　著	对制造业必备的五大质量工具中每个文件的制作要求、注意事项、制作流程、成功案例等进行了解读	通俗易懂、简便易行，能真正实现学以致用
	ISO9001:2015新版质量管理体系详解与案例文件汇编 谭洪华　著	紧密围绕2015年新版质量管理体系文件逐条详细解读，并提供可以直接套用的案例工具，易学易上手	企业质量管理认证、内审必备
	ISO14001:2015新版环境管理体系详解与案例文件汇编 谭洪华　著	紧密围绕2015年新版环境管理体系文件逐条详细解读，并提供可以直接套用的案例工具，易学易上手	企业环境管理认证、内审必备

质量管理	ISO9001:2015 完整文件汇编:制造业 贺红喜 著	按照 ISO9001 标准并超出标准的要求,提供了一套完整的制造业的质量管理体系文件	原汁原味完整收入,直接可以拿来就用
	SA8000:2014 社会责任管理体系认证实战 吕 林 著	作者根据自己的操作经验,按认证的流程,以相关案例进行说明 SA8000 认证体系	简单,实操性强,拿来就能用
	精益质量管理实战工具 贺小林 著	制造类企业日常工作中所需要的精益管理工具的归纳整理,并进行案例操作的细致分析	可以直接参考,实际解决生产中的具体问题
战略落地	重生——中国企业的战略转型 施 炜 著	从前瞻和适用的角度,对中国企业战略转型的方向、路径及策略性举措提出了一些概要性的建议和意见	对企业有战略指导意义
	公司大了怎么管:从靠英雄到靠组织 AMT 金国华 著	第一次详尽阐释中国快速成长型企业的特点、问题及解决之道	帮助快速成长型企业领导及管理团队理清思路,突破瓶颈
	低效会议怎么改:每年节省一半会议成本的秘密 AMT 王玉荣 著	教你如何系统规划公司的各级会议,一本工具书	教会你科学管理会议的办法
	年初订计划,年尾有结果:战略落地七步成诗 AMT 郭晓 著	7 个步骤教会你怎么让公司制定的战略转变为行动	系统规划,有效指导计划实现
人力资源	HRBP 是这样炼成的之"菜鸟起飞" 新 海 著	以小说的形式,具体解析 HRBP 的职责,应该如何操作,如何为业务服务	实践者的经验分享,内容实务具体,形式有趣
	HRBP 是这样炼成的之中级修炼 新 海 著	本书以案例故事的方式,介绍了 HRBP 在实际工作中碰到的问题和挑战	书中的 HR 解决方案讲究因时因地制宜、简单有效的原则,重在启发读者思路,可供各类企业 HRBP 借鉴
	HRBP 是这样炼成的之高级修炼 新 海 著	以故事的形式,展现了 HRBP 工作者在职业发展路上的层层深入和递进	为读者提供 HRBP 在实际工作中遇到种种问题的解决方案
	新任 HR 高管如何从 0 到 1 黄渊明 著	全景式展现新任高管华丽转身全过程	助力新任高管安全着陆
	HR 的劳动法内参 李皓楠 著	100 个劳动法案例和分析	轻松掌握劳动法知识,方便运用
	把面试做到极致:首席面试官的人才甄选法 孟广桥 著	作者用自己几十年的人力资源经验总结出的一套实用的确定岗位招聘标准、提升面试官技能素质的简便方法	面试官必备,没有空泛理论,只有巧妙的实操技能
	人力资源体系与 e - HR 信息化建设 刘书生 陈 莹 王美佳 著	将作者经历的人力资源管理变革、人力资源管理信息化咨询项目方法论、工具和成果全面展现给读者,使大家能够将其快速应用到管理实践中	系统性非常强,没有废话,全部是浓缩的干货
	回归本源看绩效 孙 波 著	让绩效回顾"改进工具"的本源,真正为企业所用	确实是来源于实践的思考,有共鸣
	世界 500 强资深培训经理人教你做培训管理 陈 锐 著	从 7 大角度具体细致地讲解了培训管理的核心内容	专业、实用、接地气

人力资源	曹子祥教你做激励性薪酬设计 曹子祥 著	以激励性为指导,系统性地介绍了薪酬体系及关键岗位的薪酬设计模式	深入浅出,一本书学会薪酬设计
	曹子祥教你做绩效管理 曹子祥 著	复杂的理论通俗化,专业的知识简单化,企业绩效管理共性问题的解决方案	轻松掌握绩效管理
	把招聘做到极致 远鸣 著	作为世界500强高级招聘经理,作者数十年招聘经验的总结分享	带来职场思考境界的提升和具体招聘方法的学习
	人才评价中心·超级漫画版 邢雷 著	专业的主题,漫画的形式,只此一本	没想到一本专业的书,能写成这效果
	走出薪酬管理误区 全怀周 著	剖析薪酬管理的8大误区,真正发挥好枢纽作用	值得企业深读的实用教案
	集团化人力资源管理实践 李小勇 著	对搭建集团化的企业很有帮助,务实,实用	最大的亮点不是理论,而是结合实际的深入剖析
	我的人力资源咨询笔记 张伟 著	管理咨询师的视角,思考企业的HR管理	通过咨询师的眼睛对比很多企业,有启发
	本土化人力资源管理8大思维 周剑 著	成熟HR理论,在本土中小企业实践中的探索和思考	对企业的现实困境有真切体会,有启发
企业文化	36个拿来就用的企业文化建设工具 海融心胜 主编	数十个工具,为了方便拿来就用,每一个工具都严格按照工具属性、操作方法、案例解读划分,实用、好用	企业文化工作者的案头必备书,方法都在里面,简单易操作
	企业文化建设超级漫画版 邢雷 著	以漫画的形式系统教你企业文化建设方法	轻松易懂好操作
	华夏基石方法:企业文化落地本土实践 王祥伍 谭俊峰 著	十年积累、原创方法、一线资料,和盘托出	在文化落地方面真正有洞察,有实操价值的书
	企业文化的逻辑 王祥伍 著	为什么企业之间如此不同,解开绩效背后的文化密码	少有的深刻,有品质,读起来很流畅
	企业文化激活沟通 宋杼宸 安琪 著	透过新任HR总经理的眼睛,揭示出沟通与企业文化的关系	有实际指导作用的文化落地读本
	在组织中绽放自我:从专业化到职业化 朱仁健 王祥伍 著	个人如何融入组织,组织如何助力个人成长	帮助企业员工快速认同并投入到组织中去,为企业发展贡献力量
	企业文化定位·落地一本通 王明凯 著	把高深枯燥的专业理论创建成一套系统化、实操化、简单化的企业文化缔造方法	对企业文化不了解,不会做?有这一本从概念到实操,就够了
生产管理	精益思维:中国精益如何落地 刘承元 著	笔者二十余年企业经营和咨询管理的经验总结	中国企业需要灵活运用精益思维,推动经营要素与管理机制的有机结合,推动企业管理向前发展
	300张现场图看懂精益5S管理 乐涛 编著	5S现场实操详解	案例图解,易懂易学
	高员工流失率下的精益生产 余伟辉 著	中国的精益生产必须面对和解决高员工流失率问题	确实来源于本土的工厂车间,很务实
	车间人员管理那些事儿 岑立聪 著	车间人员管理中处理各种"疑难杂症"的经验和方法	基层车间管理者最闹心、头疼的事,'打包'解决

生产管理	1. 欧博心法:好管理靠修行 2. 欧博心法:好工厂这样管 曾　伟　著	他是本土最大的制造业管理咨询机构创始人,他从400多个项目、上万家企业实践中锤炼出的欧博心法	中小制造型企业,一定会有很强的共鸣
	欧博工厂案例1:生产计划管控对话录 欧博工厂案例2:品质技术改善对话录 欧博工厂案例3:员工执行力提升对话录 曾　伟　著	最典型的问题、最详尽的解析,工厂管理9大问题27个经典案例	没想到说得这么细,超出想象,案例很典型,照搬都可以了
	工厂管理实战工具 欧博企管　编著	以传统文化为核心的管理工具	适合中国工厂
	苦中得乐:管理者的第一堂必修课 曾　伟　编著	曾伟与师傅大愿法师的对话,佛学与管理实践的碰撞,管理禅的修行之道	用佛学最高智慧看透管理
	比日本工厂更高效1:管理提升无极限 刘承元　著	指出制造型企业管理的六大积弊;颠覆流行的错误认知;掌握精益管理的精髓	每一个企业都有自己不同的问题,管理没有一剑封喉的秘笈,要从现场、现物、现实出发
	比日本工厂更高效2:超强经营力 刘承元　著	企业要获得持续盈利,就要开源和节流,即实现销售最大化,费用最小化	掌握提升工厂效率的全新方法
	比日本工厂更高效3:精益改善力的成功实践 刘承元　著	工厂全面改善系统有其独特的目的取向特征,着眼于企业经营体质(持续竞争力)的建设与提升	用持续改善力来飞速提升工厂的效率,高效率能够带来意想不到的高效益
	3A顾问精益实践1:IE与效率提升 党新民　苏迎斌　蓝旭日　著	系统的阐述了IE技术的来龙去脉以及操作方法	使员工与企业持续获利
	3A顾问精益实践2:JIT与精益改善 肖志军　党新民　著	只在需要的时候,按需要的量,生产所需的产品	提升工厂效率
	化工企业工艺安全管理实操 黄　娜　编著	化工企业工艺安全管理全指导	帮助企业树立安全意识,强化安全管理方法
	手把手教你做专业的生产经理 黄　娜　著	物流、信息流、资金流,让生产经理管理有抓手	从菜鸟到能把控全局
员工素质提升	TTT培训师精进三部曲(上):深度改善现场培训效果 廖信琳　著	现场把控不用慌,这里有妙招一用就灵	课程现场无论遇到什么样的情况都能游刃有余
	TTT培训师精进三部曲(中):构建最有价值的课程内容 廖信琳　著	这样做课程内容,学员有收获培训师也有收获	优质的课程内容是树立个人品牌的保证
	TTT培训师精进三部曲(下):职业功力沉淀与修为提升 廖信琳　著	从内而外提升自己,职业的道路一帆风顺	走上职业TTT内训师的康庄大道
	培训师,如何让你的事业长青:自我管理的10项法则 廖信琳　著	建立了一套完整的培训师自我管理体系,为培训师的职业成长与发展提供有益的指引	培训师如何在自己的职业道路上越走越高,事业长青,一直有所收获与成长?本书将给你答案
	管理咨询师的第一本书:百万年薪　千万身价 熊亚柱　著	从问题出发,发现问题、分析问题、解决问题,让两眼一抹黑的新人快速成长	管理咨询师初入职场,让这本书开启百万年薪之路

	书名·作者	内容/特色	读者价值
员工素质提升	手把手教你做专业督导:专卖店、连锁店 熊亚柱 著	从督导的职能、作用,在工作中需要的专业技能、方法,都提供了详细的解读和训练办法,同时附有大量的表单工具	无论是店铺需要统一培训,还是个人想成为优秀的督导,有这一本就够了
	跟老板"偷师"学创业 吴江萍 余晓雷 著	边学边干,边观察边成长,你也可以当老板	不同于其他类型的创业书,让你在工作中积累创业经验,一举成功
	销售轨迹:一位快消品营销总监的拼搏之路 秦国伟 著	本书讲述了一个普通销售员打拼成为跨国企业营销总监的真实奋斗历程	激励人心,给广大销售员以力量和鼓舞
	在组织中绽放自我:从专业化到职业化 朱仁健 王祥伍 著	个人如何融入组织,组织如何助力个人成长	帮助企业员工快速认同并投入到组织中去,为企业发展贡献力量
	企业员工弟子规:用心做小事,成就大事业 贾同领 著	从传统文化《弟子规》中学习企业中为人处事的办法,从自身做起	点滴小事,修养自身,从自身的改善得到事业的提升
	手把手教你做顶尖企业内训师:TTT培训师宝典 熊亚柱 著	从课程研发到现场把控、个人提升都有涉及,易读易懂,内容丰富全面	想要做企业内训师的员工有福了,本书教你如何抓住关键,从入门到精通
	28天速成文案高手 秦士 安丽 著	解构优秀品牌和出彩文案背后的逻辑,28天循序渐进成为文案高手	让优质文案变成"智慧工厂"般的工序管理与稳定出品
	让投诉顾客满意离开:客户投诉应对与管理 孟广桥 著	立足于投诉处理的实践,剖析了不同投诉者投诉的特点和应对措施,并提供各种技巧方法、赢得客户信赖所需培养的品质修炼、处理投诉应掌握的法律法规等工具	是投诉处理人员适应岗位职能需要、提升工作技能的良师益友,是企业变诉为全、培养业务骨干的法宝

营销类:把客户需求融入企业各环节,提供"客户认为"有价值的东西

	书名·作者	内容/特色	读者价值
营销模式	精品营销战略 杜建君 著	以精品理念为核心的精益战略和营销策略	用精品思维赢得高端市场
	变局下的营销模式升级 程绍珊 叶宁 著	客户驱动模式、技术驱动模式、资源驱动模式	很多行业的营销模式被颠覆,调整的思路有了!
	动销操盘:节奏掌控与社群时代新战法 朱志明 著	在社群时代把握好产品生产销售的节奏,解析动销的症结,寻找动销的规律与方法	都是易读易懂的干货! 对动销方法的全面解析和操盘
	弱势品牌如何做营销 李政权 著	中小企业虽有品牌但没名气,营销照样能做的有声有色	没有丰富的实操经验,写不出这么具体、详实的案例和步骤,很有启发
	老板如何管营销 史贤龙 著	高段位营销16招,好学好用	老板能看,营销人也能看
	洞察人性的营销战术:沈坤教你28式 沈坤 著	28个匪夷所思的营销怪招令人拍案叫绝,涉及商业竞争的方方面面,大部分战术可以直接应用到企业营销中	各种谋略得益于作者的横向思维方式,将其操作过的案例结合其中,提供的战术对读者有参考价值
	动销:产品是如何畅销起来的 吴江萍 余晓雷 著	真真切切告诉你,产品究竟怎么才能卖出去	击中痛点,提供方法,你值得拥有
	1000铁杆女粉丝 张兵武 著	连接是女性与生俱来的特质。能善用连接的营销人员,就像拿到打开女性荷包的钥匙	重新认识女性的传播力量
	360°谈营销:一位营销咨询师20年实战洞察 王清华 古怀亮 著	各个角度,全方位,多视点剖营销	思路单一,此书帮你破

营销模式	营销按钮:扣动一触即发的力量 老 苗 著	提供各种奇形怪状的营销武器	一定会带给你不一样的思维震撼
	孙子兵法营销战 刘文新 著	逐句解读孙子兵法,以及在营销方面的感悟	帮助营销人用智慧打营销仗
销售	资深大客户经理:策略准,执行狠 叶敦明 著	从业务开发、发起攻势、关系培育、职业成长四个方面,详述了大客户营销的精髓	满满的全是干货
	大客户销售这样说这样做 陆和平 著	大客户销售十大模块68个典型销售场景应对策略和话术,直接拿来就用	从"为什么要这么干"到"干什么、怎么干"
	成为资深的销售经理:B2B、工业品 陆和平 著	围绕"销售管理的六个关键控制点"一一展开,提供销售管理的专业、高效方法	方法和技术接地气,拿来就用,从销售员成长为经理不再犯难
	销售是门专业活:B2B、工业品 陆和平 著	销售流程就应该跟着客户的采购流程和关注点的变化向前推进,将一个完整的销售过程分成十个阶段,提供具体方法	销售不是请客吃饭拉关系,是个专业的活计! 方法在手,走遍天下不愁
	向高层销售:与决策者有效打交道 贺兵一 著	一套完整有效的销售策略	有工具,有方法,有案例,通俗易懂
	学话术 卖产品 张小虎 著	分析常见的顾客异议,将优秀的话术模块化	让普通导购员也能成为销售精英
组织和团队	升级你的营销组织 程绍珊 吴越舟 著	用"有机性"的营销组织替代"营销能人",营销团队变成"铁营盘"	营销队伍最难管,程老师不愧是营销第1操盘手,步骤方法都很成熟
	用数字解放营销人 黄润霖 著	通过量化帮助营销人员提高工作效率	作者很用心,很好的常备工具书
	成为优秀的快消品区域经理(升级版) 伯建新 著	用"怎么办"分析区域经理的工作关键点,增加30%全新内容,更贴近环境变化	可以作为区域经理的"速成催化器"
	成为资深的销售经理:B2B、工业品 陆和平 著	围绕"销售管理的六个关键控制点"一一展开,提供销售管理的专业、高效方法	方法和技术接地气,拿来就用,从销售员成长为经理不再犯难
	一位销售经理的工作心得 蒋 军 著	一线营销管理人员想提升业绩却无从下手时,可以看看这本书	一线的真实感悟
	快消品营销:一位销售经理的工作心得2 蒋 军 著	快消品、食品饮料营销的经验之谈,重点突出	来源于实战的精华总结
	销售轨迹:一位快消品营销总监的拼搏之路 秦国伟 著	本书讲述了一个普通销售员打拼成为跨国企业营销总监的真实奋斗历程	激励人心,给广大销售员以力量和鼓舞
	用营销计划锁定胜局:用数字解放营销人2 黄润霖 著	全方位教你怎么做好营销计划,好学好用真简单	照搬套用就行,做营销计划再也不头痛
	快消品营销人的第一本书:从入门到精通 刘 雷 伯建新 著	快消行业必读书,从入门到专业	深入细致,易学易懂
产品	产品开发管理方法·流程·工具:从作坊式到规范化 任彭枞 著	产品研发管理体系全指导	既有工具,又能开拓思路
	新产品开发管理,就用IPD(升级版) 郭富才 著	10年IPD研发管理咨询总结,国内首部IPD专业著作	一本书掌握IPD管理精髓

	书名·作者	内容/特色	读者价值
产品	这样打造大单品：案例 策略 方法 迪智成咨询团队 著	囊括十三个不同行业、企业的实际案例，从不同角度详细剖析、总结了这些品牌厂家打造大单品的成功经验或者失败教训	厘清大单品打造的策划与路径，得出持续经营的思路与方法
	研发体系改进之道 靖 爽 陈年根 马鸣明 著	提出一套系统性的方法与工具	指引企业少走弯路，提高成功率
	资深项目经理这样做新产品开发管理 秦海林 著	以 IPD 为思想，系统讲解新产品开管理的细节	提供管理思路和实用工具
	产品炼金术Ⅰ：如何打造畅销产品 史贤龙 著	满足不同阶段、不同体量、不同行业企业对产品的完整需求	必须具备的思维和方法，避免在产品问题上走弯路
	产品炼金术Ⅱ：如何用产品驱动企业成长 史贤龙 著	做好产品、关注产品的品质，就是企业成功的第一步	必须具备的思维和方法，避免在产品问题上走弯路
品牌	中小企业如何建品牌 梁小平 著	中小企业建品牌的入门读本，通俗、易懂	对建品牌有了一个整体框架
	采纳方法：破解本土营销8大难题 朱玉童 编著	全面、系统、案例丰富、图文并茂	希望在品牌营销方面有所突破的人，应该看看
	中国品牌营销十三战法 朱玉童 编著	采纳 20 年来的品牌策划方法，同时配有大量的案例	众包方式写作，丰富案例给人启发，极具价值
	今后这样做品牌：移动互联时代的品牌营销策略 蒋 军 著	与移动互联紧密结合，告诉你老方法还能不能用，新方法怎么用	今后这样做品牌就对了
	中小企业如何打造区域强势品牌 吴 之 著	帮助区域的中小企业打造自身品牌，如何在强壮自身的基础上往外拓展	梳理误区，系统思考品牌问题，切实符合中小区域品牌的自身特点进行阐述
渠道通路	深度分销：掌控渠道价值链 施 炜 著	制造商通过掌控渠道价值链，将管理触角延伸至零售层面及顾客现场，对市场精耕细作，从而挖掘需求，构筑区域市场尤其是三四级市场的竞争壁垒	深度分销是中国企业对世界营销的独特贡献。实践证明，互联网时代深度分销仍有生命力
	快消品营销与渠道管理 谭长春 著	将快消品标杆企业渠道管理的经验和方法分享出来	可口可乐、华润的一些具体的渠道管理经验，实战
	传统行业如何用网络拿订单 张 进 著	给老板看的第一本网络营销书	适合不懂网络技术的经营决策者看
	采纳方法：化解渠道冲突 朱玉童 编著	系统剖析渠道冲突，21 个渠道冲突案例、情景式讲解，37 篇讲义	系统、全面
	学话术 卖产品 张小虎 著	分析常见的顾客异议，将优秀的话术模块化	让普通导购员也能成为销售精英
	向高层销售：与决策者有效打交道 贺兵一 著	一套完整有效的销售策略	有工具，有方法，有案例，通俗易懂
	通路精耕操作全解：快消品20年实战精华 周 俊 陈小龙 著	通路精耕的详细全解，每一步的具体操作方法和表单全部无保留提供	康师傅二十年的经验和精华，实践证明最有效方法，教你如何主宰通路

管理者读的文史哲·生活

	书名·作者	内容/特色	读者价值
思想·文化	德鲁克管理思想解读 罗 珉 著	用独特视角和研究方法，对德鲁克的管理理论进行了深度解读与剖析	不仅是摘引和粗浅分析，还是作者多年深入研究的成果，非常可贵
	德鲁克与他的论敌们：马斯洛、戴明、彼得斯 罗 珉 著	几位大师之间的论战和思想碰撞令人受益匪浅	对大师们的观点和著作进行了大量的理论加工，去伪存真、去粗存精，同时有自己独特的体系深度

思想·文化	德鲁克管理学 张远凤　著	本书以德鲁克管理思想的发展为线索，从一个侧面展示了20世纪管理学的发展历程	通俗易懂，脉络清晰
	王阳明"万物一体"论：从"身－体"的立场看(修订版) 陈立胜　著	以身体哲学分析王阳明思想中的"仁"与"乐"	进一步了解传统文化，了解王阳明的思想
	自我与世界：以问题为中心的现象学运动研究 陈立胜　著	以问题为中心，对现象学运动中的"意向性""自我""他人""身体"及"世界"各核心议题之思想史背景与内在发展理路进行深入细致的分析	深入了解现象学中的几个主要问题
	作为身体哲学的中国古代哲学 张再林　著	上篇为中国古代身体哲学理论体系奠基性部分，下篇对由"上篇"所开出的中国身体哲学理论体系的进一步的阐发和拓展	了解什么是真正原生态意义上的中国哲学，把中国传统哲学与西方传统哲学加以严格区别
	中西哲学的歧异与会通 张再林　著	本书以一种现代解释学的方法，对中国传统哲学内在本质尝试一种全新的和全方位的解读	发掘出掩埋在古老传统形式下的现代特质和活的生命，在此基础上揭示中西哲学"你中有我，我中有你"之旨
	治论：中国古代管理思想 张再林　著	本书主要从儒、法墨三家阐述中国古代管理思想	看人本主义的管理理论如何不留斧痕地克服似乎无法调解的存在于人类社会行为与社会组织中的种种两难和对立
	车过麻城　再晤李贽 张再林　著	系统全面而又简明扼要地展示了李贽独到的学术眼力和超拔的理论建树	帮助读者重新认识李贽的思想
	中国古代政治制度(修订版)上：皇帝制度与中央政府 刘文瑞　著	全面论证了古代皇帝制度的形成和演变的历程	有助于读者从政治制度角度了解中国国情的历史渊源
	中国古代政治制度(修订版)下：地方体制与官僚制度 刘文瑞　著	全面论证了古代地方政府的发展演变过程	有助于读者从政治制度角度了解中国国情的历史渊源
	中国思想文化十八讲(修订版) 张茂泽　著	中国古代的宗教思想文化，如对祖先崇拜、儒家天命观、中国古代关于"神"的讨论等	宗教文化和人生信仰或信念紧密相联，在文化转型时期学习和研究中国宗教文化就有特别的现实意义
	史幼波《大学》讲记 史幼波　著	用儒释道的观点阐释大学的深刻思想	一本书读懂传统文化经典
	史幼波《周子通书》《太极图说》讲记 史幼波　著	把形而上的宇宙、天地，与形而下的社会、人生、经济、文化等融合在一起	将儒家的一整套学修系统融合起来
	史幼波《中庸》讲记(上下册) 史幼波　著	全面、深入浅出地揭示儒家中庸文化的真谛	儒释道三家思想融会贯通
	梁涛讲《孟子》之万章篇 梁　涛　著	《万章》主要记录孟子与万章的对话，涉及孝道、亲情、友情、出仕为官等	作者的解读能帮助读者更好地理解孟子及儒学
	两晋南北朝十二讲(修订版) 李文才　著	作为一本普及性读物，作者尊重史实，运用"历史心理学"的叙事方法，分12个专题对两晋南北朝的历史进行阐述	让读者轻松了解两晋南北朝的历史
	每个中国人身上的春秋基因 史贤龙　著	春秋368年(公元前770－公元前403年)，每一个中国人都可以在这段时期的历史中找到自己的祖先，看到真实发生的事件，同时也看到自己	长情商、识人心
	与《老子》一起思考：德篇 与《老子》一起思考：道篇 史贤龙　著	打通文史，回归哲慧，纵贯古今，放眼中外，妙语迭出，在当今的老子读本中别具一格	深读有深读的回味，浅尝有浅尝的机敏，可给读者不同的启发